MIA UND DER SCHATZ DER HOCHSENSIBILITÄT

Liebevolle Mutmach-Geschichten für Kinder, um Selbstvertrauen zu stärken, sich selbst und seine Gefühle besser zu verstehen und glücklich zu sein

LAURA WANNEMAKER

Glückliche Kinderaugen Verlag

Druck: Amazon Deutschland oder Partner

Der Druck erfolgt in chlorfreier Tinte und das säurefreie Papier für den In-nenteil des Buches wird von einem Anbieter mit Forest Stewardship Coun-cil-Zertifizierung bezogen. Alle Abfälle, die beim Drucken entstehen und sich im Büroalltag anfallen, werden ordentlich recycelt und verwertet. Zudem werden in der Zukunft weiterhin Prozesse stattfinden, um die Umweltfreund-lichkeit zu versichern. Damit verpflichtet sich der Druckpartner Amazon und seine Partner dazu, seinen Teil zum Umweltschutz beizutragen.
Wir haben uns bewusst für den Druck durch Amazon entschieden – denn so werden nur die Bücher angefertigt, die auch benötigt werden. Unser Verlag verzichtet zudem auf überflüssigen Schriftverkehr und wickelt alle Prozesse digital ab. Dies spart Ressourcen und schont die Umwelt!

ISBN 978-9-403721-50-7

INHALTSANGABE

Das neue LIEBLINGSKLEID

„Kann ich dir helfen?“, fragte Mia ihre Mutter und schaute auf den offenen Koffer, der auf ihrem Bett lag.

„Natürlich.“ Mias Mutter schenkte ihr ein Lächeln und deutete dann auf den Stapel von Kleidungsstücken, die neben dem Koffer auf dem Bett lagen. „Diese Anziehsachen müssen alle in den Koffer.“

„Alle?“, fragte Mia nach, wobei sie ihren Mund erstaunt öffnete und für einen Moment kein Wort mehr herausbrachte. „Brauchen wir so viele Sachen?“

„Naja“, fing ihre Mutter an. „Wir fahren für zwei Wochen in den Urlaub, da brauchen wir schon viele Sachen. Vor allem, weil ich nicht vorhabe, ständig in den Waschsalon zu fahren, um unsere Kleider zu waschen.“

Mia nickte und näherte sich dem Stapel Anziehsachen, die ihre Mutter aus dem Kleiderschrank des Mädchens geholt hatte. Bevor sie die ersten Sachen in den Koffer legen konnte, fiel ihr Blick auf einen weiteren Stapel, der auf dem Schreibtisch lag.

Sie zeigte mit dem Finger darauf und zog verwundert die Augenbrauen nach oben.

„Was ist mit diesen Sachen?", fragte sie. Ihre Mutter drehte sich um, um zu sehen, wovon Mia sprach.

„Das sind Sachen, aus denen du inzwischen rausgewachsen bist", erklärte sie. „Wir können uns überlegen, ob wir sie verkaufen oder in die Kleidersammlung geben wollen."

Mia kniff ihre Augen ein bisschen zusammen, um den Stapel genauer zu betrachten und entdeckte schließlich unter all den Shirts, Hosen und Kleidern ihr Lieblingskleid, das sie den ganzen letzten Sommer hindurch getragen hatte. Es war gelb, und lauter kleine, mittelgroße und große blaue Blumen zierten es.
„Aber das ist mein Lieblingskleid", rief sie empört aus, rannte zum Schreibtisch und griff nach dem gelben Kleid

mit den blauen Blumen. Schnell riss sie es aus dem Stapel heraus, der dabei ins Wanken geriet und schließlich auf den Boden fiel.
„Ups", sagte Mia zu sich selbst und schaute verlegen auf die am Boden liegenden Kleidungsstücke. Sie setzte sich auf ihr Bett, breitete das Kleid auf ihren Beinen aus und legte ihre Hände auf den Stoff. Dann schaute sie auf die Sanduhr, die auf dem Beistelltisch neben ihrem Bett stand. Sie war mit blauem Sand befüllt. Blau war Mias Lieblingsfarbe, und die Sanduhr hatte sie mit ihrer Oma selbst gemacht. Sie hatten echten Sand mit blauer Lebensmittelfarbe gefärbt. Mia hatte zudem die Idee gehabt, Glitzer mit in die Sanduhr zu füllen, und jedes Mal, wenn sie die Sanduhr nun umdrehte, schimmerte und glitzerte der blaue Sand wundervoll, während er vom oberen Teil in den unteren rieselte. Wenn Mia abends nicht schlafen konnte, schaute sie dem Sand dabei zu, wie er in der Sanduhr von oben nach unten wanderte, bis sie dabei irgendwann einschlief.

Mit zitternden Händen griff sie nach der Sanduhr und dreht sie um. Sofort fing der Sand an, sich in Bewegung zu setzen.

„Mia?", hörte sie auf einmal die Stimme ihrer Mutter neben sich. Sie legte ihre warme Hand auf die Schulter des Mädchens und streichelte sie sanft. „Es tut mir leid, dass ich das Kleid einfach so aussortiert habe, ohne dich vorher zu fragen."

Mia nickte und schluckte. Sie spürte, wie der Kloß in ihrem Hals immer größer wurde. Sie wusste, dass sie kaum ein Wort herausbringen würde, wenn sie den Mund öffnete, um etwas zu sagen.

„Wenn du möchtest, können wir das Kleid aufheben, als Erinnerung", schlug ihre Mutter vor.

„Aber ich will das Kleid tragen", flüsterte Mia und spürte, wie ihre Augen brannten. Das passierte ihr immer, wenn sich Tränen ankündigten. Schon bald kullerte die erste Träne über ihre Wange und landete direkt in der Mitte einer der blauen Blumen des Kleides.

„Ich will es aber anziehen", beharrte sie. „Das ist mein absolutes Lieblingskleid. Ich will nicht, dass es mir nicht mehr passt."

Für einen Moment herrschte Stille im Raum.

„Woher weißt du überhaupt, dass mir das Kleid nicht mehr passt?", unterbrach Mia schließlich das Schweigen. „Ich habe es gar nicht anprobiert!"

„Ich vermute, dass es dir nicht mehr passt, weil auch deine andere Kleidung, die dieselbe Größe hat, inzwischen zu klein ist“, antwortete ihre Mutter. „Du bist einfach sehr gewachsen, Mia. Du wirst von Tag zu Tag größer.“ Ihre Mutter lächelte sie aufmunternd an, doch Mia spürte ein unangenehmes Ziehen in ihrem Magen. Selbst wenn sie gewollt hätte, hätte sie ihre Lippen nicht dazu bringen können, ein Lächeln zu formen.

„Ich will es anprobieren“, teilte sie ihrer Mutter mit. Ohne ein weiteres Wort stand Mia auf und knöpfte das Kleid auf. Vorsichtig schlüpfte sie hinein, konnte es jedoch kaum über ihren Kopf ziehen.

„Es ist wirklich zu klein“, stellte sie traurig und mit leiser Stimme fest. „Das wird ein blöder Urlaub, ohne mein Lieblingskleid.“

„Was hältst du denn davon, wenn wir in die Stadt gehen, ein Eis essen und dir ein neues Kleid kaufen?“, schlug ihre Mutter vor.
„Aber dieses Kleid gibt es bestimmt nicht mehr“, erwiderte Mia.

„Vielleicht finden wir ein Kleid, das dir noch besser gefällt und das zu deinem neuen Lieblingskleid wird“, versuchte ihre Mutter Mia aufzumuntern.

„Nein!“ Mia verschränkte ihre Arme vor der Brust und schüttelte den Kopf. Dabei flogen ihre beiden braunen geflochtenen Zöpfe hin und her. Sie liebte ihre langen Haare, mochte es aber nicht, wenn sie ihr ständig ins Gesicht fielen. Deswegen trug sie sie selten offen. Mit den beiden geflochtenen Zöpfen sah sie ein bisschen so aus wie eine ihrer Lieblings-Figuren in ihrem Lieblingsfilm. Deswegen bat sie ihre Mutter jeden Morgen immer wieder, ihr die Haare zu zwei Zöpfen zu flechten.

„Wollen wir nicht einfach einmal schauen?“, fragte ihre Mutter. „Vielleicht ist es gerade alles ein bisschen viel. Der bevorstehende Urlaub, die vielen neuen Dinge, die wir erleben werden, und jetzt auch noch dein Lieblingskleid, das nicht mehr passt.“

Mia schniefte und zuckte mit den Schultern.

„Vielleicht können wir Oma fragen, ob sie ähnliche Stoffe bei sich hat und sie darum bitten, dir ein Kleid zu nähen, das deinem Lieblingskleid ähnelt“, schlug Mias Mutter vor.

„Omas Stoffe kratzen mich aber immer“, wandte Mia ein. „Genau wie die Stoffe aus den Läden in der Stadt. Dieses Kleid hat mir Tante Martina zum Geburtstag geschenkt. Es ist so schön weich und angenehm. Es hat keine Nähte oder anderen Dinge, die mich stören oder kratzen“, erklärte sie.

„Geht es dir also mehr um den Stoff als um das Muster?“ Die Mutter schaute Mia fragend an.

„Ich mag beides“, antwortete das Mädchen. „Mir gefällt sowohl der Stoff als auch das Muster. Deswegen ist das mein Lieblingskleid. Ich kann mich in ihm bewegen, wie ich will und muss nicht ständig darauf achten, ob mich eine Naht kratzt.“

„Dann habe ich eine Idee“, sagte Mias Mutter. „Wir gehen zusammen in die Stadt und statten diesem neuen Stoffladen einen Besuch ab. Er ist direkt neben der Eisdiele. Wir könnten uns mit Oma treffen. Sie kann mit uns Eisessen kommen und dir dann vielleicht noch vor dem Urlaub übermorgen das Kleid nähen. Was hältst du davon?“

Mias Tränen hörten auf zu kullern und ein Lächeln breitete sich auf ihren Lippen aus. Sie nickte.

Wenig später trafen sich Mia und ihre Mutter mit Mias Oma vor dem Stoffladen. Mias Oma war Näherin und kannte sich bestens mit Stoffen aus. Als sie den Laden betraten, konnte Mia ihren Augen nicht trauen. Überall hingen und lagen wundervolle Stoffe in den unterschiedlichsten Farben und mit den verschiedensten Mustern.

Sofort entdeckte sie einen Stoff, der ihr unglaublich gut gefiel. Mit großen Augen näherte sie sich dem blauen, glänzenden Material. Als sie es anfasste und genauer betrachtete, musste sie jedoch feststellen, dass sich Pailletten darauf befanden. Pailletten störten Mia ganz besonders, und traurig nahm sie ihre Hand wieder von dem Stoff.

„Gefällt dir dieser Stoff?", ertönte auf einmal die Stimme ihrer Oma hinter ihr. Mia nickte.

„Er hat Pailletten", seufzte Mia.

„Oh nein, das ist schade", antwortete Oma. „Aber ich bin mir sicher, dass wir unter all den Stoffen hier einen guten finden werden, aus dem ich dir dann ein Kleid für den Urlaub nähen kann."

Mia sah sich weiter um, hatte jedoch die ganze Zeit den

Stoff mit den Pailletten vor Augen. Sie konnte sich deshalb gar nicht auf die anderen Stoffe konzentrieren und schaute sie sich gar nicht richtig an.

Nach einiger Zeit teilte sie ihrer Mutter und ihrer Oma mit, dass sie keine Lust mehr hatte, nach Stoffen zu suchen und lief noch einmal an dem blauen Stoff mit den Pailletten vorbei. In diesem Moment kam die Besitzerin des Ladens durch die Tür des hinter dem Geschäft liegenden Lagerraums herein. Sie hielt Mia einen wundervollen Stoff vor die Nase, der noch schöner glänzte als der Stoff mit den Pailletten.

„Wäre dieser Stoff vielleicht etwas für dich?“, fragte sie.

Mia fasste den Stoff an und konnte es kaum glauben. Obwohl er glänzte und glitzerte, war er unglaublich weich. Er fühlte sich angenehm und leicht auf ihrer Haut an, sogar noch angenehmer als der Stoff ihres alten Lieblingskleides.

Mias Mutter kaufte den Stoff. Ihre Oma nahm die Tüte und steckte sie in ihren Beutel, um noch direkt am selben Nachmittag mit dem Nähen des Kleides starten zu können.

Zum Abschluss nahmen sie in der Eisdiele direkt neben dem Stoffladen Platz und genossen jeweils einen leckeren Eisbecher. Mia hatte sich einen Erdbeer-Becher bestellt und freute sich nun schon sehr auf den Urlaub und vor allem auf ihr neues Kleid.

Wenig später stießen auch ihr Vater und ihr Bruder Ben zu ihnen, und sie verbrachten alle gemeinsam noch einen wunderschönen Nachmittag in der Eisdiele.

Das Packen der Koffer hatten sie auf den nächsten Tag verschoben – es war ein anstrengender Tag für Mia gewesen, und als sie zu Hause angekommen war, fiel sie nach dem Abendessen, ohne die Sanduhr zu drehen, ins Bett und schlief ein. Sie träumte von ihrem neuen blauen Kleid und dem Urlaub, der mit ihrem neuen Lieblingskleid noch viel schöner werden würde.

Am nächsten Morgen, als Mia, Ben und ihre Eltern die Koffer für die Abreise am darauf folgenden Tag packten, klingelte es an der Tür. Es war Mias Oma, die das Mädchen mit müden Augen und einem breiten Grinsen auf den Lippen begrüßte. Sie hatte bis spät in die Nacht an der Nähmaschine gesessen, da sie wusste, wie wichtig Mia ihr Kleid war.

Als sie die Tüte, die ihr ihre Oma entgegenstreckte, annahm und in sie hineinschaute, konnte sie kaum glauben, was sie da sah. Ihre Oma hatte nicht nur ein Kleid, sondern gleich zwei Kleider in verschiedenen Schnitten genäht. Eines hatte einen weiten Rock, der sich wundervoll aufbauschte, wenn sich Mia um sich selbst drehte, und das andere lag etwas enger an. Sie konnte sich gar nicht entscheiden, welches Kleid ihr besser gefiel, und sie beschloss, dass sie beide Kleider gleich gern mochte.

„Danke, Oma!“ Sie fiel ihrer Großmutter in die Arme und konnte es kaum abwarten, die Kleider mit in den Urlaub zu nehmen. „Erst hab ich gedacht, dass kein Kleid mein altes Lieblingskleid ersetzen kann, und ich war so traurig, weil ich die Kleider in den Geschäften zwar immer so schön finde, sie aber nicht tragen kann, weil sie mich stören. Die Kleider, die du für mich genäht hast, sehen nicht nur wunderschön aus, sondern ich kann sie auch ohne Probleme tragen.“

„Dann ist es eigentlich eine gute Sache, dass das Kleid zu klein war, oder?“, fragte Mias Mutter und lachte. „So sind wir endlich in den Stoffladen gegangen, in den wir schon so lange gehen wollten und haben zwei neue Lieblingskleider für dich.“

„Stimmt“, bestätigte Mia und lachte ebenfalls.

Manchmal fand sie es doof, dass sie nicht die Kleider aus den Geschäften tragen konnte oder sich immer Shirts unter die Kleider ziehen musste. Doch an diesem Tag war sie unglaublich glücklich darüber. Denn die Kleider, die ihr ihre Oma aus dem Stoff aus dem Laden genäht hatte, waren einzigartig. Es gab sie kein zweites Mal auf der Welt – genau wie Mia.

Ist es dir auch schon einmal passiert, dass dir ein Lieblingskleidungsstück nicht gepasst hat, und fällt es dir auch schwer, Klamotten zu finden, die dir wirklich gut passen und in denen du dich wirklich wohlfühlst?

Was ist dein aktuelles Lieblingskleidungsstück? Und wenn du dir ein Kleidungsstück nähen könntest, was für eins wäre es? Wie würde es aussehen?

Über den WOLKEN

Im nächsten Morgen wachte Mia voller Vorfreunde auf. Zwar hatte sie in der Nacht ein bisschen unruhig geschlafen, doch sie freute sich schon sehr auf den Urlaub in Spanien. Sie selbst war noch nie dort gewesen, doch ihr Vater hatte ihr in den letzten Tagen und Wochen Fotos und Videos von dem Ort und der Ferienanlage gezeigt, in die sie fahren würden. Auf den Fotos und den Videos sahen die Ferienwohnungen und auch die Umgebung sehr schön aus, und auch wenn es nicht wie zu Hause war, war sich Mia recht sicher, dass sie sich dort wohlfühlen würde. Schließlich wusste sie bereits ein bisschen, was sie erwartete.

Ihr Papa hatte ihr erzählt, dass die Ferienanlage direkt am Meer lag. Man konnte aber auch schnell in den Wald fahren, und abends wurden in der Ferienanlage immer unterschiedliche Veranstaltungen organisiert. Da Mia an all diese Dinge hatte denken müssen, als sie am Abend schlafen gegangen war, hatte sie in der Nacht von vielen Abenteuern und neuen Dingen geträumt und deshalb auch nicht ganz so fest und gut geschlafen.

Sie streckte sich und gähnte einmal kräftig. Während sie ihre Arme zur Seite streckte, merkte sie gar nicht, wie ihr Lieblingskuscheltier – ein kleiner blauer Hase, den ihr ihre Lieblingstante zur Geburt geschenkt hatte – vom Bett fiel. Er landete unter dem Bett, sodass Mia ihn nicht sehen konnte. Fröhlich stand sie auf, schlüpfte in ihre kuscheligen Hausschuhe und ging in die Küche, wo ihr Bruder Ben bereits vor seiner vollen Müslischüssel saß. Die Eltern der beiden Geschwister waren gerade damit beschäftigt, die letzten Vorbereitungen für die Reise zu treffen, weshalb Ben alleine am Frühstückstisch hockte.

„Guten Morgen“, sagte Mia gut gelaunt und schenkte ihrem Bruder ein Lächeln.

„Morgen“, murmelte Ben und spielte mit seinem Löffel in der Müslischüssel. Er nahm das Müsli mit dem Löffel auf und ließ es dann wieder in die Schüssel plumpsen. So kannte Mia ihren Bruder gar nicht. Er war zwar schüchtern, wenn es um andere Menschen ging und sprach nicht sonderlich viel, wenn viele Leute anwesend waren, doch mit Mia und ihren Eltern war er eigentlich fast immer gut gelaunt und redete sehr viel. Mia wusste also sofort, dass mit ihrem Bruder etwas nicht stimmte.

„Was ist passiert, Ben?", fragte sie. „Hast du gar keinen Hunger?"

Anstatt ihr zu antworten, zuckte Ben mit den Schultern und spielte weiter mit seinem Müsli.

„Das ist doch dein Lieblingsmüsli", stellte Mia fest. „Was ist passiert? Irgendwas stimmt mit dir nicht. Bist du vielleicht aufgeregt wegen der Reise?", fragte sie.

Ihr Bruder nickte und schaute seine Schwester dann an. Sein Gesicht war blass, und dicke, schwarze Ringe lagen um seine Augen.

„Hast du schlecht geschlafen?", fragte Mia und legte ihre Hand sanft auf die ihres Bruders, die sich ganz kalt anfühlte.

Wieder nickte Ben.

„Willst du, dass ich dir zeige, wo wir hinfahren?“, fragte sie und versuchte, ihren Bruder aufzumuntern. „Ich kann mit dir die Videos und Fotos anschauen, die mir Papa gezeigt hat.“

„Die kenne ich schon“, murmelte Ben. „Ich habe einfach keine Lust, woanders zu sein. Ich fühle mich hier zu Hause am sichersten und am wohlsten. Was ist, wenn ich mich im Urlaub nicht wohlfühle?“

„Ich kann dich gut verstehen“, sagte Mia und streichelte Ben über die Hand. „Vielleicht hilft es dir, wenn du dein Lieblingskuscheltier mitnimmst? Dein Lieblingskuscheltier ist doch ein Stück dein zu Hause, oder? Es ist das, was zu deinem zu Hause dazugehört. Wenn du es mitnimmst, kannst du dir auch ein Stück der Sicherheit und der Geborgenheit mitnehmen.“

„Das ist eine gute Idee!“, sagte Ben, und zum ersten Mal an diesem Morgen begannen seine Augen zu glänzen. „Ich gehe sofort und hole es.“

Mia nickte und überlegte dann, was sie essen wollte. Als Ben wieder zu ihr kam und freudig mit seinem Stoffhund Schnuffel wedelte, spürte Mia auf einmal ein Ziehen in ihrem Magen.

„Wo ist eigentlich mein Stoffhase?", sagte sie leise zu sich selbst und kratzte sich an der Stirn. „Vorhin hatte ich ihn doch noch."

Das Mädchen sah sich besorgt um und überlegte fieberhaft, wo der Plüschhase namens Lino sein konnte. Während ihr Bruder nun sein Müsli genüsslich verschlang, war ihr der Appetit vergangen. Stattdessen hatte sie das Gefühl, einen Stein im Magen zu haben.

Sie suchte überall – im Wohnzimmer, in der Küche, im Bad und auch im Flur. Ihr Hase war nirgendwo zu sehen. Auf einmal wurde Mia ganz warm, und ein unangenehmes Kribbeln durchlief ihren ganzen Körper. Sie wollte nicht ohne ihren Stoffhasen verreisen.

„Kinder, seid ihr soweit?", rief die Mutter der beiden Geschwister aus dem Flur. „Wir müssen bald los, sonst verpassen wir unseren Flug."

Das Kribbeln in Mias Körper wurde immer stärker. Wie sollte sie den Flug ohne ihren Lino überstehen? Sie war noch nie geflogen und wollte den Flug nicht ohne ihr Lieblingskuscheltier antreten.

Sie erzählte ihren Eltern, dass sie ihren Stoffhasen nicht mehr fand. Sofort machte sich die komplette Familie im ganzen Haus auf die Suche, bis Ben auf einmal rief „Ich habe ihn!"

Er erzählte Mia, dass er den Hasen unter ihrem Bett gefunden hatte.

„Ich verstecke mich manchmal unter meinem Bett und hatte die Idee, dass er vielleicht unter deinem sein könnte", sagte er.

„Danke, Ben." Mia umarmte ihren Bruder.

„Was für ein aufregender Vormittag", merkte der Vater der beiden Kinder an. Mit einem Lächeln auf den Lippen nahm er die letzten beiden Koffer und verließ dann gemeinsam mit Ben und Mia das Haus. Mama saß bereits im Auto, um zum Flughafen zu fahren. Mia hielt ihren

Lino ganz fest im Arm, während Ben seinen Plüschhund kuschelte.

„Jetzt geht es los“, flüsterte sie dem Stoffhasen zu und merkte, dass das zuvor unangenehme Kribbeln langsam zu einem aufregenden und angenehmen Kribbeln wurde. Sie war gespannt und freute sich auf die Reise. Auch, wenn der Klumpen in ihrem Magen noch nicht ganz weg war – schließlich stand ihr der Flug noch bevor.

Am Flughafen angekommen, war alles sehr laut und aufregend. Viele Menschen liefen mit Koffern und Taschen in den Händen durch die großen und breiten Gänge in der hohen Halle. Das Geräusch der Rollen unter den Koffern und die lauten Durchsagen hallten in Mias Ohren wider, und sie konnte sehen, dass die vielen Geräusche Ben ebenfalls überraschten und ihm ein bisschen Angst machten. Er hielt sich die Hände an die Ohren und schaute Mia mit großen Augen an.

Papa gab schon einmal die Koffer auf, sodass Mias Mutter gemeinsam mit den Geschwistern an einen etwas ruhigeren Ort gehen konnte. Mias Magen grummelte, und sie war sich nicht sicher, ob es die Aufregung, der Hunger oder ein Mix aus beidem war. Als sie in einen etwas kleineren Gang abgebogen waren und die große, laute Halle verlassen hatten, nahm Mia verschiedene Gerüche wahr. Sie waren in einer Essensmeile gelandet, in der sich viele unterschiedliche Restaurants und Imbiss-Buden befanden. In diesem Moment merkte Mia, dass die Ursache für das Grummeln in ihrem Bauch zum größten Teil Hunger war.

Der Duft frisch gebackener Waffeln ließ ihr das Wasser im Mund zusammenlaufen, weshalb sie mit ihrer Mutter und Ben beschloss, sich in die Bäckerei zu setzen, die die Waffeln zubereitete. Sie suchten sich einen etwas abgeschirmten Platz weiter drinnen aus, wo sie vor der Aufregung am Flughafen ein wenig geschützt waren.

Als Mia bereits ihre Waffel mit heißen Kirschen und Sahne bekommen hatte und genüsslich verspeiste, stieß auch ihr Vater dazu. Er und Mias Mutter tranken einen Kaffee, während Ben eine heiße Schokolade schlürfte.

„Wenn du mit der Waffel fertig bist, müssen wir uns langsam auf den Weg zum Gate machen“, teilte Mias Vater mit.

„Zum Gate?“, fragte Mia und schluckte den Bissen, den sie gerade im Mund hatte, herunter.

„Am Gate finden alle Passagiere zusammen, die dasselbe Flugzeug nehmen", erklärte Mias Mutter,
und Mia erinnerte sich daran, dass ihre Eltern bereits mit ihr und Ben darüber gesprochen hatten.

Auf einmal merkte Mia wieder, wie sich ein Klumpen in ihrem Magen zusammenballte. Zum Glück hatte sie die Waffel fast ganz aufgegessen, denn nun war ihr der Appetit wieder vergangen. Sie hatte ganz vergessen, dass sie in wenigen Augenblicken in einem Flugzeug fliegen würde.

Da sie ihre Waffel nicht mehr aufessen wollte, schob sich ihr Bruder den letzten Bissen in den Mund. Bevor sie aufstehen und zum Gate gehen konnten, sagte Mia ihrem Vater, dass sie ein bisschen Angst hatte und dass sie sich nicht wohlfühlte.

„Hast du Angst vor dem Fliegen?", wollte ihr Vater wissen. Mia nickte.

„Ich fühle mich nicht gut", sagte sie.

„Entschuldigung, wenn ich unterbreche", sagte auf einmal eine Stimme. Mia und ihr Vater drehten sich um. Sie standen einer Frau mit freundlichem Gesichtsausdruck gegenüber. Das Mädchen musterte sie genauer und machte große Augen.

„Sie sind eine Pilotin!", rief Mia aus. Sie war mit ihren Eltern und Ben vor ein paar Tagen am Flughafen gewesen, um die Flugzeuge anzusehen, damit ihr das Fliegen leichterfallen würde. Bei dieser Gelegenheit hatte sie auch ein paar Piloten gesehen und wusste deshalb, wie ihre Uniformen aussahen.

Die Pilotin nickte und lächelte Mia an.

„Ich habe mitbekommen, dass du Angst vor dem Fliegen hast", sagte sie. Mia nickte und schaute schüchtern zu Boden.

„Ich hatte früher auch Angst vor dem Fliegen", sagte die Pilotin. Mia schaute sie ungläubig an.

„Das kann man kaum glauben, nicht wahr?", fragte die Pilotin und lachte. „Schließlich bin ich als Pilotin ständig in Flugzeugen und fliege sie."

„Warum haben Sie jetzt keine Angst mehr?", fragte Mia.

„Als ich als Kind zu einem Piloten ins Cockpit durfte und mir dort alles anschauen konnte, ist meine Angst im wahrsten Sinne des Wortes verflogen."

„So einfach ging das?" Mia staunte.

Die Pilotin nickte und fragte Mia und ihren Vater dann, wohin sie fliegen wollten.

„Weißt du was?", sagte sie zu Mia. „Der Pilot, der dein Flugzeug heute fliegt, ist ein Freund von mir. Ich werde ihn darum bitten, dich und deinen Bruder ins Cockpit zu lassen. Dann könnt ihr euch dort alles genau anschauen. Vielleicht hilft es dir ein bisschen dabei, deine Angst zu überwinden, wenn du dir selbst ein Bild davon machen kannst, wie es im Cockpit aussieht und wie der Pilot fliegt."

Mia und ihr Papa bedankten sich bei der Pilotin, nannten ihr Mias und Bens Namen und verabschiedeten sich dann von ihr. Zwar konnte das Mädchen immer noch etwas Schweres in seinem Magen spüren. Es war aber nicht mehr wie ein großer Stein, sondern eher wie ein paar kleine Kieselsteine – es fühlte sich schon viel leichter an.

Nach einer etwas längeren Wartezeit am Gate durften Mia und ihr Bruder mit ihren Eltern und ein paar anderen Familien mit Kindern als Erste in das Flugzeug einsteigen. Sobald sie an Bord ihre Plätze eingenommen hatten, stellte Mia fest, dass die Pilotin ihr Versprechen gehalten hatte. Sie und Ben durften den Piloten und den Co-Piloten im Cockpit besuchen.

„Wow!“, war das Einzige, was Mia sagen konnte. Auch ihr Bruder staunte und schaute sich mit großen Augen um. „Das ist aber ein großes Fenster“, stellte sie fest, nachdem sie ihre Stimme wiedergefunden hatte.

Die Piloten zeigten den beiden Kindern das ganze Cockpit und luden sie sogar dazu ein, nach dem Start noch einmal zu kommen, um durch das große Fenster zu sehen und dabei zuzuschauen, wie der Pilot das Flugzeug steuerte und lenkte.

Als Mia und Ben auf den Sitzen neben ihren Eltern Platz nahmen, hatten sich die vielen Kieselsteine im Magen des Mädchens in ganz kleine Sandkörner verwandelt. Mia fühlte sich schon viel wohler und umarmte nun ihren Stoffhasen ganz doll. Sie holte tief Luft, schloss die Augen und stellte sich vor, wie sie bereits am Strand in Spanien lag und die Wellen im Hintergrund rauschten. Jedes Mal, wenn sie einatmete, baute sich eine Welle auf, und wenn sie ausatmete, löste sie sich nach und nach im Sand auf. Und ehe sich Mia versehen hatte, waren die Häuser und Bäume unter ihr nur noch ganz winzig. Wie die kleinen Bausteine und Spielfiguren ihres Bruders sahen sie aus!

Ein Lächeln breitete sich in ihrem Gesicht aus, und als sie zu ihrem Bruder sah, stellte sie fest, dass auch er begeistert aus dem Fenster blickte.

„Ihr dürft nun nochmal ins Cockpit gehen“, sagte die Stewardess, nachdem das Flugzeug seine Reisehöhe erreicht hatte. Ben sprang begeistert auf. Mia hingegen zögerte einen Moment. Eine Reihe vor sich sah sie ein kleines Mädchen, das sich panisch umschaute.

„Einen Moment“, sagte sie zur Stewardess und ging zu dem Mädchen.

Wenig später setzte sie sich zurück zu ihren Eltern, während das Mädchen gemeinsam mit Ben ins Cockpit ging. Als die Kleine zurückkam, wirkte sie viel entspannter, und der panische Blick in ihren Augen war verschwunden. Sie schenkte Mia ein strahlendes Lächeln.

„Das ist toll, was du da gemacht hast, Mia“, sagte ihre Mutter.

„Meine Angst ist vergangen, als ich das Cockpit sehen durfte“, erzählte Mia ihrer Mutter. „Ich habe gedacht, dass dem Mädchen ein Besuch im Cockpit auch helfen könnte.“

„Das hat er“, erwiderte ihre Mutter. „Ganz bestimmt.“

Den Rest des Fluges verbrachte Mia damit, aus dem Fenster zu schauen und die wundervolle Aussicht zu genießen. Sie freute sich auf den Urlaub und war schon ganz gespannt, was sie alles erleben würde.

Was für ein Gefühl macht sich in deinem Körper breit, wenn du auf neue Situationen stößt, die du so noch nie erlebt hast? Kannst du dir vorstellen, wie sich Mia und Ben fühlen?

Was würdest du tun, um dich mit einer neuen Situation wohler und sicherer zu fühlen?

Das FRÜHSTÜCKS-PICKNICK

Mia und ihre Familie waren nach dem aufregenden Flug recht spät in der Ferienanlage angekommen. Da es bereits dunkel war, hatte Mia gar nicht sehen können, wie alles, was sie zuvor auf den Fotos und in den Videos gesehen hatte, in echt aussah. Deshalb war sie umso gespannter, die ganze Ferienanlage am nächsten Tag bei Tageslicht in Augenschein zu nehmen.

Als sie am nächsten Morgen aufwachte und ihre Augen öffnete, zog sie für einen kurzen Moment die Augenbrauen hoch und schaute sich erschrocken um. Das war nicht ihr Nachtschrank, und sie befand sich nicht in ihrem Zimmer. Die Bettwäsche war anders, es roch anders, und die Wände waren nicht blau gestrichen, wie in ihrem Zimmer.

Sie schaute sich um und sah ihren Bruder schlafend neben sich liegen. Erst in diesem Moment atmete sie erleichtert auf und erinnerte sich daran, dass sie am Tag zuvor mit ihren Eltern und Ben in den Urlaub gefahren war.

Ein leichtes Lächeln erschien auf ihren Lippen, doch gleichzeitig konnte sie spüren, wie sich ein komisches Gefühl in ihrem Körper ausbreitete. Es war alles so neu, und sie musste sich erst einmal daran gewöhnen. Nebenan konnte sie die Stimmen ihrer Eltern hören. Sie waren auch schon wach, weshalb Mia beschloss, aufzustehen und sich zu ihnen zu gesellen.

„Guten Morgen, Mia." Ihr Papa grinse sie an.

„Hast du gut geschlafen?", fragte ihre Mutter.

„Wenn Ben wach ist, gehen wir frühstücken", meinte ihr Vater.

Mia schaute von ihrem Vater zu ihrer Mutter und wieder zu ihrem Vater. Sie hatte zwar gehört, was sie gesagt

hatten, doch es fühlte sich an, als befände sich in ihrem Kopf ein Sieb, durch welches all die Informationen durchrasselten, ohne bei ihr hängenzubleiben.

Für einen Moment sagte das Mädchen nichts und blinzelte, bevor es tief durchatmete. Das komische Gefühl war immer noch in Mias ganzem Körper zu spüren, und es drängte sie, die Umgebung zu erkunden. Sie wollte wissen, wo sie war. Erst dann würde sie Lust darauf haben, frühstücken zu gehen.

„Du hast Recht, Mia", höret sie auf einmal ihre Mutter sagen. „Entschuldige bitte, dass wir dich so überrumpelt haben. Du möchtest sicher erst einmal alles genau erkunden, oder?"

Mia nickte. Sie warteten einen Moment, bis auch Ben aufwachte, dann machten sie sich alle fertig und verließen die Ferienwohnung, um sich auf den Weg zum Frühstück zu machen. Eigentlich hatte die Ferienwohnung eine Küche, in der die Familie kochen und essen konnte. Doch da sie erst so spät angekommen waren, hatten sie noch keine Gelegenheit gehabt, Einkäufe zu machen. Deshalb spazierten sie zu der großen spanischen Bäckerei, die sich in der Ferienanlage befand, um dort zu frühstücken.

Den Weg dorthin nutzte die Familie, um sich etwas genauer in der Ferienanlage umzuschauen. Mia konnte in der Ferne das Meer sehen und wie die Strahlen der Sonne auf dem Wasser glitzerten. Sie konnte das Rauschen der Wellen hören und auch das Salz in der Luft riechen.

Palmen wuchsen am Wegesrand, hier und da gab es Obststände mit Früchten, die viel größer waren als die, die Mia aus dem Supermarkt zu Hause kannte. Kleine Eidechsen huschten über niedrige Mauern oder verschwanden in kleinen Löchern in der Erde. Mia betrachtete die Umgebung genau und stellte fest, dass sie in echt noch viel schöner war als auf den Fotos und Videos.

Zwar war die Bäckerei, zu der sie wollten, nur wenige Meter von der Ferienwohnung entfernt, doch die Familie nahm einen Umweg, um die Anlage besser kennenzulernen. Dabei fanden sie heraus, dass es sogar einen Swimmingpool gab, von dem weder Mias Papa noch ihre Mama vorher etwas gewusst hatten.

„Zum Glück wolltest du die Ferienanlage erkunden“, sagte Mias Vater.

„Stimmt.“ Die Mutter des Mädchens nickte. „Ansonsten hätten wir vielleicht nie oder erst sehr viel später herausgefunden, dass es hier einen Swimmingpool gibt.“

Ein Lächeln ließ Mias Gesicht aufleuchten.

„Und ich dachte, ihr wärt genervt, weil ihr Hunger habt und nur meinetwegen hier in der Anlage rumlauft“, flüsterte sie.

„Nein, Mia.“ Ihre Mutter schüttelte den Kopf und schaute dem Mädchen in die Augen. „Wir wären vielleicht nicht gleich hier rumgelaufen, wenn du das nicht gewollt hättest, doch dann hätten wir viele Sachen verpasst. Dank dir wissen wir jetzt, dass es hier einen Swimmingpool gibt, und wir haben schon ein bisschen Bewegung bekommen. Es ist toll, dass wir die Gegend und alles ansehen, was es hier gibt.“

Nach einiger Zeit hatte die Familie den größten den Teil Ferienanlage erforscht und sich genau gemerkt, wo der Swimmingpool war. Mia spürte, wie sich das komische Gefühl in ihrem Körper mit jedem Schritt mehr in ein angenehmes verwandelte und wie das Grummeln in ihrem Magen immer lauter wurde.

Schließlich schlug die Familie den Weg zur Bäckerei ein, um zu frühstücken.

Mias Bruder hatte keine Probleme damit, neue Dinge auszuprobieren. Er war sehr experimentierfreudig, was Essen anging. Dem Mädchen fiel es hingegen schwer, sich auf neue Sachen einzulassen und neue Dinge zu probieren.

Deshalb fühlte sie sich auch überfordert, als sie in der Bäckerei stand und auf das riesige Angebot an unbekannten Leckereien blickte. Sie konnte nicht einmal verstehen, was auf den Schildern stand, da sie kein Spanisch sprach und Englisch erst seit kurzem in der Schule lernte.
Um Mia herum schwirrte ein Durcheinander aus vielen unterschiedlichen Sprachen, und so sehr sie sich auch

bemühte—sie schaffte es nicht, sich auf das Angebot an Speisen zu konzentrieren. Sie spürte, wie ihr Kopf brummte, und ein Blick auf ihren Bruder verriet ihr, dass es ihm nicht anders ging. Er hatte sich zwar bereits für ein Gericht entschieden, schaute sich jedoch mit großen Augen um. Auch ihm waren die ganze Aufregung und das ganze Getümmel zu viel.

„Was hältst du davon, wenn ich etwas aussuche, was den Speisen ähnelt, die wir zu Hause haben, und dann gehen wir auf die große Wiese, die wir vorhin bei unserem Rundgang entdeckt haben?“, schlug Papa vor. „Wir müssen nicht hier in der Bäckerei essen, sondern können ein Frühstücks-Picknick machen.“

Mias Augen leuchteten, als sie den Vorschlag ihres Vaters hörte. Sie nickte und verließ schon einmal mit ihrer Mutter und ihrem Bruder die Bäckerei, während ihr Vater etwas zu Essen kaufte.

„Später fahren wir dann zu einem Supermarkt“, sagte Mama zu Mia und Ben. „Dort könnt ihr euch dann in Ruhe alle Sachen aussuchen, die euch schmecken und die ihr gerne essen wollt.“

„Das hört sich gut an“, stimmte Mia zu.

„Wann gehen wir denn ans Meer?“, fragte ihr Bruder und drehte sich um, um einen Blick auf das ruhige, blaue Wasser zu werfen.

„Wenn ihr Lust habt, können wir das später tun“, versprach die Mutter.

Ben nickte begeistert, und auch Mia konnte es kaum abwarten, sich in dem blauen Wasser zu erfrischen. Sie liebte das Meer.

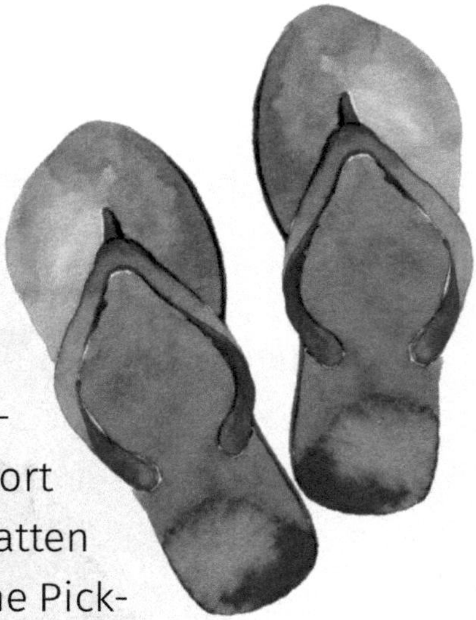

Einige Augenblicke später kam der Vater der beiden Kinder mit zwei Tüten und ein paar Getränken in der Hand aus der Bäckerei. Gemeinsam liefen sie zu der schönen Wiese, an der sie zuvor vorbeigekommen waren. Dort wuchs eine große Palme, die Schatten spendete, und auch wenn sie keine Picknickdecke dabeihatten, konnten sie es sich auf dem weichen Gras gemütlich machen.

Mia entspannte sich. Es war still, und das einzige Geräusch, das sie hören konnte, war das Rauschen des Meeres im Hintergrund. Jetzt, da sie etwas gelöster war, spürte sie, wie sich ihr Magen langsam entkrampfte und wie ihr beim Anblick der vielen leckeren Dinge, die ihr Vater gekauft hatte, das Wasser im Mund zusammenlief.

Sie holte tief Luft und probierte hier ein bisschen und da ein bisschen. Einige Dinge schmeckten nicht so wie erwartet, andere dafür besser, als sie gedacht hatte, und nach und nach wurde das Grummeln ihres Magens immer weniger. Stattdessen breiteten sich Wärme und Zufriedenheit in Mia aus. Während ihr Bruder neben ihr fröhlich vor sich hin schmatzte, machte sie es sich auf der Wiese bequem. Sie richtete ihren Blick in den Himmel und sah, dass er genauso blau war wie das Wasser des Meeres. Ein paar wenige Wolken waren aufgezogen, und Mia schaute ihnen dabei zu, wie sie langsam über den Himmel segelten.

Für einen kurzen Moment stellte sie sich vor, wie es sich wohl anfühlen musste, auf diesen Wolken zu springen und sich in sie hineinzukuscheln. Dann stellte sie fest, dass eine der Wolken ein bisschen so aussah wie ihr Stoffhase Lino, den sie vor lauter Aufregung in der Ferienwohnung vergessen hatte. Doch das war nicht schlimm. Schließlich hatte sie ihren Bruder und ihre Eltern, die hier gemeinsam mit ihr auf der Wiese saßen.

Wenig später gesellte sich ihr Bruder zu Mia und schaute mit ihr in die Wolken.

„Die Wolke sieht ein bisschen aus wie ein Flugzeug, findest du nicht?", fragte Ben und zeigte auf das luftige, weiße Gebilde, das in diesem Moment über die Köpfe der beiden Geschwister hinwegschwebte.

„Ich finde, sie sieht eher aus wie ein Vogel", stellte Mia fest. Dabei merkte sie, wie unterschiedlich sie und ihr Bruder bestimmte Dinge wahrnahmen. Für sie hatte die Wolke eine andere Form als für ihn, obwohl es ein und dieselbe Wolke war. Sie waren eben einzigartig und unterschiedlich, und das war genau richtig so.

„Na, wie sieht es aus, Kinder?", hörte Mia die Stimme ihrer Mutter. „Wollen wir zum Supermarkt fahren? Hier wird es zur Mittagszeit sehr heiß, und ich denke, dass wir nicht direkt in der Mittagshitze zum Strand gehen sollten. Wir können die Zeit nutzen, um unser Einkäufe im Supermarkt zu erledigen. Anschließend können wir uns ein bisschen ausruhen und dann an den Strand gehen."

Ben nickte, und auch Mia war einverstanden. Sie freute sich auf den Strand und darauf, eines der beiden neuen blauen Kleider anzuziehen, die ihre Oma für sie genäht hatte.

Wenig später warteten Mia, Ben und Papa auf Mama, die losgegangen war, um das Mietauto zu holen. Mia hatte das blaue Kleid angezogen, das so schön weit war und sich toll ausbreitete, wenn sie sich drehte. Die Sonnenstrahlen ließen es noch viel schöner glitzern und glänzen, und Mia fühlte sich unglaublich wohl darin.

Kurz darauf kam Mama mit dem Mietauto angefahren. Es war ein schöner, silberfarbener Wagen, und ziemlich groß war er auch. Er war anders als das Auto, das die Familie zu Hause hatte, doch Mia und Ben fanden, dass er schön und vor allem gemütlich war.

„Bereit für den Supermarkt?“, fragte der Vater.

Mia und Ben nickten.

„Bereit“, sagten sie im Chor und waren schon ganz gespannt darauf, was sie alles in dem Geschäft finden würden.

Hast du schon einmal etwas Schönes durch Zufall entdeckt, so wie Mia und ihre Familie den Swimmingpool in der Ferienanlage?

Fällt es dir leicht, neue Speisen zu probieren? Hast du schon einmal etwas probiert, was du nicht kanntest? Was ist dein Lieblingsessen, das du am liebsten immer essen würdest?

Neue Bekanntschaft AM MEER

Die Familie war vom Einkauf im Supermarkt zurück in die Ferienanlage gekommen. Mia und Ben hatten viel Zeit damit verbracht, sich all die Produkte anzusehen, die in dem spanischen Geschäft angeboten wurden. Dabei hatten sie festgestellt, dass es vieles gab, was den Lebensmitteln, die sie von zu Hause kannten, ähnelte. Natürlich gab es auch viele Dinge, die sie nicht kannten und die neu für sie waren.

Doch in den zahlreichen Einkaufstüten, deren Inhalt Mama und Papa gerade in den Kühlschrank und die Küchenschränke der Ferienwohnung räumten, befanden sich viele Lebensmittel, die die beiden Geschwister gerne mochten. Ben hatte sich ein paar Dinge ausgesucht, die er gerne probieren wollte, und Mia hatte beschlossen, spontan zu entscheiden, ob sie auch kosten wollte oder es lieber ließ. Sie hatte auf jeden Fall all das Essen, was ihr schmeckte, hatte mit ihrem Bruder und

ihren Eltern aber vereinbart, in den nächsten beiden Urlaubwochen in der Ferienanlage ab und zu wieder ein Frühstücks-Picknick zu machen.

Dieses Frühstück am Vormittag auf der Wiese war so schön gewesen, dass die Familie sogar beschlossen hatte, eine neue Tradition einzuführen und auch, wenn sie wieder zurück zu Hause waren, ab und zu ihr Frühstück als Picknick zu genießen.

Da es immer noch sehr heiß draußen war und die Sonne weiterhin sehr hoch am Himmel stand, hatte die Familie beschlossen, sich noch für einen Moment auszuruhen, bevor sie sich auf den Weg zum Strand machen wollten.

Mama und Papa wollten in der Zwischenzeit einen kleinen Snack vorbereiten. Sie hatten Ben und Mia aber schon erzählt, dass es am Strand bestimmt viele Strandbars und Eisdielen gab, in denen sie sich später ein Eis oder eine andere Leckerei holen konnten. Trotzdem bereiteten sie auch ein bisschen Obst und andere Snacks zu und packten sie in die Kühltasche. Anschließend machten es sich die Eltern für eine kleine Weile auf dem Balkon gemütlich, während sich Mia auf der Couch ausgestreckt hatte und ihr Lieblingsbuch las und Ben bäuchlings auf dem Boden lag und etwas malte.

Mia konnte sich nicht wirklich auf ihr Buch konzentrieren. Immer wieder wandte sie ihren Blick von den Seiten ab, um sich umzusehen. Die Couch, auf der sie lag, war viel größer als die, die sie zu Hause hatten. Doch Mia fühlte sich wohler, wenn sie sich in die kleine Couch kuscheln konnte. Das gab ihr immer das Gefühl, sicher und geborgen zu sein. Deswegen stand sie auf, um sich aus dem Schlafzimmer ein paar Kissen und Decken zu holen. Damit baute sie sich ein kleines Nest auf der großen Couch, in das sie sich dann schmiegte. So konnte sie sich auf das Buch konzentrieren und sich entspannen, bevor es an den Strand ging.

Wenig später, nachdem sich alle ein bisschen ausgeruht hatten und Ben ein Bild von dem Frühstücks-Picknick am Morgen gemalt hatte, um es mit Hilfe eines Magneten an den Kühlschrank zu hängen, machte sich die Familie auf den Weg zum Strand.

Da sich das Meer ganz in der Nähe – nur wenige Laufminuten – von der Ferienanlage entfernt befand, legten sie die Strecke zu Fuß zurück. Der Weg zum Strand war wunderschön. Wie in der Ferienanlage, standen auch am Straßenrand außerhalb der Anlage wunderschöne Palmen, die angenehmen Schatten spendeten. In der Luft lag ein Duft, den Mia als Mischung aus Obst, Gemüse und gekochten Speisen identifizierte. Auf den Balkonen der Wohnungen und Häuser saßen Menschen, die zum größten Teil Spanisch sprachen, sich teilweise aber auch in anderen Sprachen unterhielten. Die Menschen, die ihnen auf dem Weg zum Strand begegneten, lächelten Mia, Ben und ihren Eltern freundlich zu.

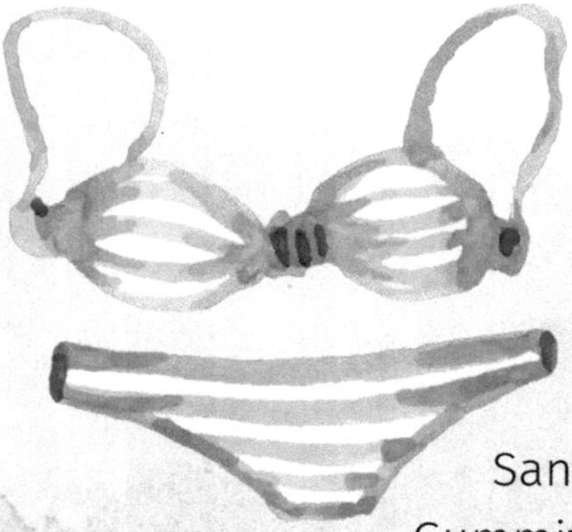

Je mehr sie sich dem Strand näherten, desto mehr Geschäfte sah Mia, in denen Badesachen, Sandeimer, Schaufeln und auch große Gummitiere für das Spielen im Wasser verkauft wurden. Alles war bunt und groß, und der Geruch von Sonnencreme, salzigem Meerwasser, Obst, Gemüse, Eis und den vielen Gummitieren mischte sich in der Luft.

„So riecht für mich Urlaub!“, rief Ben fröhlich aus, und Mia stimmte ihm zu. Als sie im letzten Jahr mit dem Auto nach Italien gefahren waren, war der Strand ähnlich gewesen. Auch der Geruch war ähnlich und somit für die beiden Geschwister ein Stück weit vertraut. Sie konnten es nun gar nicht mehr abwarten, sich in ihre Schwimmsachen zu schmeißen und sich in die Wellen des Meeres zu stürzen.

Nachdem die Eltern der beiden die Decke auf dem Sand ausgebreitet und den Sonnenschirm aufgestellt hatten, machten es sich Mia und Ben direkt auf der Decke gemütlich. Mia konnte den weichen, warmen Sand darunter spüren und fühlte, wie ihr eine Schweißperle nach der anderen übers Gesicht lief.

Umso mehr genoss sie das frische und kühlende Wasser, in das sie wenig später gemeinsam mit ihrem Vater watete. Sie schloss sie die Augen und tauchte vorsichtig unter. Für einen Moment spürte sie nichts außer einem ganz leisen Rauschen in ihren Ohren. Die Fische, die sie sehen konnte, als sie die Augen öffnete, schwammen fröhlich hin und her, und die Algen auf dem Boden schienen im Takt der Wellen zu tanzen. Mia spürte, dass ihre Augen anfingen zu brennen und tauchte wieder auf. Sie fühlte sich, als hätte ihr jemand eine Decke vom Kopf weggezogen und wollte direkt wieder unter Wasser tauchen. In diesem Augenblick stießen die Mutter und Ben zu ihnen, und Mama wedelte mit einer Taucherbrille und einem Schnorchel in ihrer Hand.

Nun konnte Mia erneut tauchen. Mit der Taucherbrille konnte sie viel besser sehen, und dank des Schnorchels konnte sie auch etwas länger unter Wasser bleiben. Sie ließ sich treiben, bis sie auf einmal neben sich ein lautes „Platsch“ hörte und aus dem Wasser schreckte.

„Entschuldige bitte!“, ertönte sofort eine Stimme. Mia schaute sich um, um zu sehen, woher die Stimme kam und entdeckte ein blondes Mädchen, das auf sie zu geschwommen kam. Für einen kurzen Moment legte Mia ihre Stirn in Falten und überlegte. Sie kannte das Mädchen von irgendwoher. Es kam ihr bekannt vor. Als das Mädchen schließlich vor ihr stehen blieb, schenkte es Mia ein freundliches Lächeln und runzelte dann ebenfalls die Stirn. Kurz musterte es Mia und räusperte sich, nachdem es nach seinem bunten Ball gegriffen hatte, der das Platschen neben Mia verursacht hatte.

„Du bist das Mädchen aus dem Flugzeug“, stellte es fest. In diesem Moment fiel Mia wieder ein, woher sie das Mädchen kannte. Es war das Mädchen, das ebenfalls Angst vor dem Fliegen hatte. Deswegen hatte Mia es an ihrer Stelle ins Cockpit gehen gelassen.

Mia freute sich, das Mädchen am Strand wiederzusehen. Sie wollte gerne mit ihm spielen, doch sie spürte, wie sich ein dicker Kloß in ihrem Hals bildete. Es fühlte sich fast so an, als würde sie kein Wort mehr herausbringen können. Ein leichtes Zittern breitete sich in ihrem Körper aus, und wenn sie nicht im Wasser gewesen wäre, wäre sie nervös von einem Fuß auf den anderen getreten.

„Ich bin Bianca", sagte das Mädchen und lächelte Mia erneut an.

Mia wollte antworten. Sie wollte dem Mädchen sagen wie sie hieß und mit ihm spielen, doch sie fühlte sich wie blockiert.

„Ich...", flüsterte sie und merkte, wie ihre Stimme zitterte und schließlich brach. Sie holte tief Luft und versuchte es erneut.

„Ich bin..." Erneut versagte ihr die Stimme. Mia spürte, wie der Kloß in ihrem Hals immer größer wurde. Dann schloss sie für einen Moment ihre Augen und dachte an Momente, in denen sie mutig gewesen war. Das war ein Trick, den ihr ihre Oma an ihrem ersten Schultag mit auf den Weg gegeben hatte. Mia war sehr besorgt darüber gewesen, mit so vielen fremden Menschen sprechen zu müssen. Ihre Oma hatte ihr daraufhin gesagt, dass sie schon so oft mutig gewesen war und sich in solchen Moment daran erinnern sollte, wie viel Mut in ihr steckte.

Sie dachte daran zurück, wie sie einmal der Nachbarskatze geholfen hatte, die auf einen Baum geklettert war und sich nicht mehr herunter traute. Mutig hatte sie die Leiter geholt und war auf den Baum gestiegen. Zwar war der Baum nicht so hoch gewesen, doch Mia hatte trotzdem Angst gehabt, dass die Katze sie kratzen würde. Am Ende hatte sie es jedoch geschafft, ihre Angst zu besiegen und hatte die Katze vom Baum gerettet.

Sofort spürte sie, wie sich ein warmes und angenehmes Kribbeln in ihrem Körper ausbreitete und wie der Kloß in ihrem Hals nach und nach immer kleiner wurde. Als sie die Augen wieder öffnete, sah sie Bianca immer noch vor sich stehen und freundlich lächeln.

„Ich bin Mia", brachte Mia schließlich heraus.

„Wohnst du auch in der Ferienanlage?", fragte Bianca.

Mia nickte.

„Vielleicht können wir ja ab und zu miteinander spielen, wenn du Lust hast", schlug Bianca vor, und Mia nickte begeistert.

Die beiden Mädchen unterhielten sich ein bisschen. Wenig später wollte Bianca auf einem Board auf dem Wasser gleiten, und zwar auf einem, auf das man sich stellte und mit Hilfe eines Paddels fortbewegte.

Mia spürte jedoch, dass ihr das zu viel war. Sie war zwar mutig und hatte auch versucht, an andere Situationen zu denken, in denen sie mutig gewesen war, doch sie fühlte sich nicht wohl mit dem Gedanken, auf ein solches Board zu steigen. Bianca schlug ihr daraufhin vor, ein Foto zu machen, während sie auf dem Board stand.

„Ich hätte so gerne ein Foto, aber meine Eltern sind grade mit meinem Bruder in der Strandbar", erklärte sie Mia. „Hast du Lust, ein Foto von mir zu machen?"

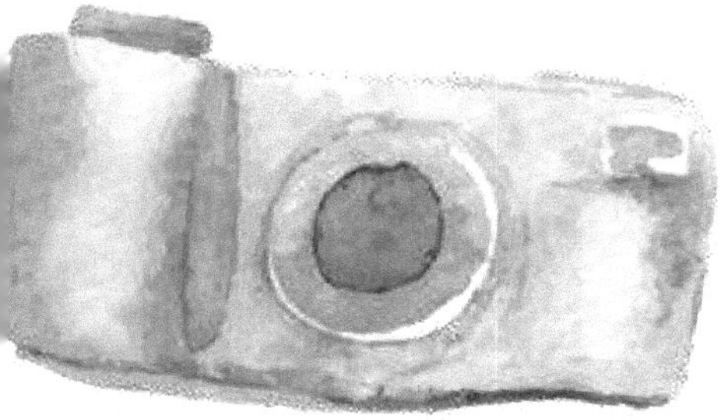

„Ich kann nicht so gut Fotos schießen", murmelte Mia.
„Willst du es nicht einfach mal versuchen?", schlug Bianca vor.

Mia zögerte einen Moment und nickte schließlich. Bianca holte ihr Smartphone von der Decke und hielt es Mia hin. Sie wartete, bis Bianca auf das Board gestiegen war und machte ein Foto von ihrer neuen Freundin.

Als Bianca wieder aus dem Wasser kam, schaute sie sich das Foto an, und Mia konnte sehen, wie ihre Augen aufleuchteten.

„Du hast einen tollen Blick für Details, Mia", stellte sie fest. „Du hast ein wunderschönes Foto gemacht. Man sieht nicht nur mich und das Meer, sondern auch die Sonne, die langsam untergeht und einen kleinen Vogel oben rechts. So gut hat mich noch niemand fotografiert."

„Ich schaue mir meine Umgebung gerne an", gab Mia zu. „Außerdem beobachte ich gerne und lasse die Dinge um mich herum auf mich wirken."

„Das ist toll!", sagte Bianca. „Danke, Mia."

Die beiden Mädchen unterhielten sich für ein Weilchen, bis es Zeit war, zurück in die Ferienanlage zu gehen. Die Eltern der beiden lernten sich kurz kennen, und alle zusammen verabredeten sich zu einem Frühstücks-Pick-nick auf der Wiese. Dann würden nicht nur Mia und Bianca, sondern auch Ben und Biancas Bruder miteinander spielen können.

Auf dem Weg zurück zu Ferienwohnung erzählte Mia ihren Eltern, dass sie sich in diesem Jahr zum Geburtstag ein Smartphone mit einer guten Kamera wünschte. Sie hatte gemerkt, wie sehr es ihr Spaß machte, Fotos zu schießen, und sie hatte gelernt, dass es nicht schlimm war, dass sie nicht auf das Board steigen wollte. Sie hatte gelernt, dass es in Ordnung war, die Umgebung genau zu beobachten und sie auf sich wirken zu lassen. Wie hatte Bianca gesagt? Sie hatte ein Auge für Details.

An diesem Abend machten Ben, Mia und ihre Eltern Pizza in der Küche ihrer Ferienwohnung, und Mia schlief mit einem Lächeln auf den Lippen und ihrem Kuschelhasen im Arm ein. Auch in dieser Nacht schlief Ben wieder neben ihr – zu Hause wollte sie das nie, doch hier im Urlaub genoss sie es und freute sich schon darauf, was der nächste Tag bringen würde.

In welchen Situationen warst du mutig? Hilft es dir, wenn du dich an diese Situationen erinnerst, um mehr Mut zu bekommen?

Was kannst du besonders gut? Gibt es ein Talent, das du hast oder ein Hobby, dem du gerne nachgehst?

Ein Ausflug in die Stadt

Am nächsten Morgen saßen die Familien von Mia und Bianca auf der großen Wiese und genossen ihr gemeinsames Picknick. Dieses Mal hatten Mias Eltern selber Frühstücks-Leckereien zusammengepackt, anstatt etwas in der Bäckerei zu kaufen, und schon der Duft des frischen Obstsalates, bei dessen Zubereitung Mia ihrem Vater geholfen hatte, ließ dem Mädchen das Wasser im Mund zusammenlaufen.

Zusammen mit Bianca legte sich Mia auf die Decke und schaute in die Wolken. Es fühlte sich zuerst komisch an, diesen Moment mit dem Mädchen zu teilen. Normalerweise legte sie sich entweder alleine oder gemeinsam mit ihrem Bruder auf die Wiese, um in den Himmel zu blicken. Sie fühlte sich ein bisschen so, als würde sie Bianca ein großes Geheimnis verraten. Mia holte einmal tief Luft und merkte erst in diesem Augenblick, wie angespannt sie war.

Sie atmete wieder aus und wieder ein. Als sie eine Hand auf ihren Bauch legte, konnte sie spüren, wie schnell sie atmete. Ihr Bauch bewegte sich schnell nach oben und wieder nach unten, nach oben und wieder nach unten. Für einen Moment starrte sie nach oben und entdeckte eine kleine Wolke, die gemächlich über den Himmel spazierte. Ein paar andere Wolken überholten sie, doch die kleine Wolke ging ihres Weges. Mia begann zu lächeln. Je mehr sie die Wolke betrachtete und ihr dabei zusah, wie sie über den Himmel schwebte, desto mehr stellte sie fest, dass sich ihre Hand immer langsamer mit ihrem Bauch hob und senkte. Ihr Körper entspannte sich, und endlich konnte sie das weiche Gras unter sich und die warmen Strahlen der Sonne auf ihrer Haut genießen.

Nach dem Picknick, bei dem Ben Freundschaft mit Biancas Bruder geschlossen und Mia erneut ein Foto geschossen und damit gezeigt hatte, was für ein gutes Auge sie für Details hatte, beschlossen Mia, Ben und ihre Eltern, einen Ausflug in die Stadt zu machen.

Bislang hatten sie nur Zeit in der Ferienanlage verbracht, und auch, wenn es wunderschön dort war, war Mia gespannt darauf, wie es wohl in der Stadt sein würde. Auf

den Fotos hatte sie bereits zahlreiche große und beeindruckende Denkmäler gesehen und freute sich nun darauf, sie in echt zu sehen.

Zum Glück war die Stadt nur wenige Autominuten von der Ferienanlage entfernt, und Mias Eltern fanden sogar direkt in der Innenstadt einen Parkplatz. Mit offenem Mund schaute sich Mia um. Sie konnte ihren Augen kaum trauen. Es war alles so groß, so neu und so unbekannt! Überall, wo sie hinblickte, konnte sie etwas Spannendes und Interessantes sehen. Für einen Moment hatte sie das Gefühl, dass ihr Kopf ganz schwer war und dass sich alles um sie herum drehte. Denn sie wusste gar nicht, wo sie zuerst hinschauen sollte. Sollte sie erst zu dem großen Turm blicken? Wollte sie erst die kunterbunte Fassade dort drüben genauer betrachten? Oder sollte sie sich erst dem Straßenmusiker nähern, der in der Fußgängerzone Gitarre spielte und wunderschön dazu sang?

In Mias Ohren begann es leise zu rauschen, und sie schluckte. Sie fühlte sich ein bisschen hilflos.

„Was haltet ihr davon, wenn wir uns erst einmal einen Stadtplan suchen?", hörte das Mädchen auf einmal die Stimme seines Vaters.

Erleichtert atmete Mia ein und wieder aus. Sie war froh, dass ihr Vater die Situation in die Hand genommen hatte. Sie selbst hätte nicht gewusst, wo sie anfangen sollte.

Nachdem sich die Familie einen Stadtplan besorgt und eine Route zusammengestellt hatte, machten sie sich auf den Weg. Mia fiel es nun wesentlich leichter, sich auf die vielen wunderschönen Dinge und Sehenswürdigkeiten in der Stadt zu konzentrieren. Sie konnte ihre Aufmerksamkeit immer genau der Sache schenken, der sich die Familie gerade widmete, ohne sich überfordert zu fühlen oder das Gefühl zu haben, etwas anderes zu verpassen.

„Ist alles in Ordnung, Mia?", fragte ihre Mutter, als sie bereits eine Weile gelaufen waren und schon einige Dinge gesehen hatten.

Mia nickte.

„Ich genieße einfach den Tag", antwortete sie. Immer, wenn Mia neue Eindrücke sammelte, neue Dinge erlebte oder sich in neuen Situationen befand, sprach sie recht wenig. Sie konzentrierte sich mehr darauf, alles genau zu beobachten und aufzunehmen.

Zwischendurch machte die Familie eine Pause, um etwas zu essen – sie entschieden sich für Pizza. Mia und Ben hatten an diesem Tag bereits so viele neue Dinge erlebt, und sie wollten sich nicht auch noch durch neue Menüs und Gerichte arbeiten müssen. Pizza schmeckte der ganzen Familie, und deshalb saßen sie wenig später in einem italienischen Restaurant und genossen die lecker belegten Teigfladen.

Je mehr die Zeit verging, desto mehr rieb sich Ben die Augen. Er war müde und wollte gerne zurück nach Hause in die Ferienwohnung fahren. Mia hingegen wollte unbedingt die bunt bemalte Fassade ansehen, die sie ganz am Anfang entdeckt hatte. Also trennte sich die Familie – Ben und der Vater der Geschwister gingen in eine Eisdiele in der Nähe des Autos, um dort auf Mia und Mama zu warten.

„Wow“, sagte Mia und konnte sich an der Wand nicht sattsehen. „Das sieht toll aus!“

„Finde ich auch“, stimmte ihre Mutter zu.

Dann sagte sie nichts mehr und ließ Mia die Wand in Ruhe betrachten. Für Mia war die bunt bemalte Fassade nicht nur eine Wand mit etwas Farbe drauf. Es war fast, als würde sie in die Wolken am Himmel blicken. Jede Farbe hatte eine ganz besondere Form. An den Stellen, an denen die Farben ineinanderliefen, entstanden wundervolle Muster, und wenn sie ganz genau hinschaute, sahen einige kleine Farbspritzer aus wie Herzen und Sterne.

Nachdem Mia und ihre Mutter Ben und Papa bei der Eisdiele erreicht und auch noch ein leckeres Eis gegessen hatten, kam die Familie am Abend müde, aber zufrieden aus der Stadt zurück in die Ferienanlage.

Bevor Mia aus dem Auto steigen konnte, konnte sie bereits Bianca sehen, die mit ein paar Freunden aus der Ferienanlage Ball spielte.

Mia spürte, wie schwer ihr Arm war, als sie versuchte, Biancas Winken zu erwidern, und ihr Lächeln fühlte sich eher so an, als würde sie eine Grimasse schneiden. Sie war müde. Zwar mochte sie Bianca und hätte gern mit ihr gespielt, doch ihr Kopf brummte und war voll mit den Eindrücken und Erlebnissen des Tages.

Sie spürte, wie sich ein Kloß in ihrem Hals bildete, als sie Bianca sagte, dass sie nicht mit Ball spielen würde, und sie konnte die Enttäuschung in Biancas Gesicht sehen.

„Dann ein anderes Mal", sagte Bianca, schenkte Mia ein kleines Lächeln und gesellte sich dann wieder zu ihren Freundinnen.

Oben in der Ferienwohnung ließ sich Mia auf die Couch fallen und seufzte.

„Du hast genau das Richtige gemacht, Mia", ertönte die Stimme ihres Vaters hinter ihr. Mia richtete ihren Blick nach oben und schaute direkt in seine grünen Augen.

„Bist du sicher?", fragte sie und kaute nervös auf ihrer Unterlippe.

„Ganz sicher." Ihr Vater nickte.

„Es ist gut, dass ich jetzt nicht mit den anderen Ball spiele?", fragte Mia nach.

Ihr Vater setzte sich zu ihr und legte Mia eine Hand auf die Schulter.

„Es ist gut, dass du das gemacht hast, was sich für dich gut anfühlt“, antwortete er. „Wenn du gerne Ball spielen würdest und das Gefühl hättest, du hast noch Kraft dazu, dann wäre es richtig gewesen, das zu machen. Du hast auf dich gehört. Du bist müde von dem Tag und hast keine Kraft mehr, um jetzt noch Ball zu spielen. Deswegen ist es richtig, dass du es nicht machst.“

„Und was ist, wenn Bianca jetzt nicht mehr meine Freundin sein möchte?“ Mia merkte, dass ihre Augen brannten. Sie kannte dieses Gefühl und wusste, dass sich bald eine Träne ihren Weg aus dem Augenwinkel über ihre Wangen bahnen würde.

„Ich denke nicht, dass sie deswegen nicht mehr deine Freundin sein möchte“, beruhigte Mias Vater das Mädchen. „Sie wird es verstehen. Es ist immer wichtig, offen und ehrlich zu sein. Ihr hättet keinen Spaß gehabt, wenn du dich dazu gezwungen hättest, Ball zu spielen, obwohl du keine Lust hast. Morgen, wenn du ausgeruht bist und dir danach ist, werdet ihr sehr viel mehr Freude daran haben, gemeinsam zu spielen."

Mias Lippen kräuselten sich zu einem Lächeln.

„Danke", flüsterte sie. „Es war ein schöner Tag heute."

Mia fiel ihrem Vater in die Arme und entspannte sich. Ihr Kopf fühlte sich immer noch schwer an. Das war kein Wunder–schließlich war an diesem Tag wirklich viel passiert.

Im Hintergrund konnte sie ihren Bruder hören, der vor lauter Müdigkeit weinte. Mia wusste, wie er sich fühlte. Wenn sie zu viele Dinge erlebte, passierte es auch ihr manchmal, dass sie das Gefühl hatte, zu platzen. Sie fühlte sich dann wie ein bereits sehr prall gefüllter Luftballon, in den immer mehr Luft hineingepustet wurde, bis er irgendwann zerbarst. Dann hatte sie das Gefühl, sich nicht mehr unter Kontrolle zu haben, und sie fing an zu schreien oder zu weinen. Manchmal wurde sie in diesen Momenten auch ganz still. Dann war es wichtig für sie, die Luft aus dem Luftballon herauszulassen. Ben konnte das am besten, wenn er sich mit Mama in einen dunklen Raum legte und mit ihr kuschelte, während Mama ihm eine Geschichte erzählte oder ein Lied vorsang.

Mia hingegen schaute in solchen Momenten auf ihre Sanduhr. Das leise und sanfte Rieseln des Sandes entspannte sie und half ihr dabei, das Karussell aus Gedanken und Eindrücken in ihrem Kopf zu stoppen.

In diesem Moment riss Mia die Augen weit auf und schaute ihren Vater an.

„Ich habe meine Sanduhr zu Hause vergessen!", sagte sie und spürte nun erneut das Brennen in ihren Augen. „Ich habe sie vergessen, was soll ich jetzt nur machen?"
Bevor ihr Vater etwas sagen konnte, hörte Mia im Hintergrund leise Musik laufen. Es war die Kinderdisco, die an diesem Abend stattfand und zu der Mia eigentlich gerne gegangen wäre. Nun konnte Mia ihre Tränen nicht mehr zurückhalten. Sie kullerten unaufhaltsam über ihre Wangen.

„Ich will zurück nach Hause", schluchzte sie. „Ich will meine Sanduhr."

Wie geht es dir, wenn du viele neue Sachen auf einmal erlebst? Was machst du, wenn du das Gefühl hast, dir explodiert der Kopf?

Hast du schon einmal eine Einladung zum Spielen abgelehnt, weil es dir einfach zu viel war? Ist dir das leicht gefallen oder eher schwer?

Eine neue SANDUHR

Ben und Mama hatten sich gemeinsam ins Schlafzimmer der Ferienwohnung zurückgezogen, während Mia und ihr Vater zusammen auf der Couch saßen.

Mia hatte ihre Beine angewinkelt, sodass die Knie ihre Brust berührten und sie die Beine umarmen konnte. Langsam schaukelte sie sich so auf der Couch vor und zurück, vor und zurück.

„Ich habe eine Idee“, sagte ihr Vater auf einmal. „Was hältst du davon, wenn wir selbst eine Sanduhr basteln?“

„Eine Sanduhr selbst basteln? Hier?“, fragte Mia und zog die Augenbrauen fragend zusammen. „Geht das denn?“

„Natürlich geht das“, erwiderte ihr Vater und grinste Mia an. „Wir könnten uns gemeinsam Sand von Strand holen und dann hier im Wohnzimmer die Sanduhr basteln. Dann kannst du heute Abend besser schlafen.“

„Und was ist mit der Kinderdisco?“, fragte Mia und lauschte erneut der Musik, die im Hintergrund spielte.

„Möchtest du zur Kinderdisco gehen?“ Ihr Vater wartete einen Moment und ließ Mia die Zeit, die sie brauchte, um nachzudenken.

Das Mädchen zuckte mit den Schultern und seufzte.

„Ich weiß es nicht“, sagte sie. „Auf der einen Seite möchte ich, und auf der anderen Seite möchte ich nicht.“

„Das kann ich gut verstehen“, stimmte ihr Vater zu. „Warum möchtest du in die Kinderdisco gehen?“

„Weil dort Bianca ist“, antwortete Mia. „Und weil es bestimmt Spaß macht, der Musik zuzuhören, auch wenn ich mir vorstellen kann, dass sie ziemlich laut sein wird.“

„Und warum möchtest du nicht in die Kinderdisco gehen?“

„Weil die Musik so laut ist, und weil ich das Gefühl habe, dass mein Kopf eh schon so voll ist."

„Es ist nicht leicht, Entscheidungen zu treffen", fing Mias Vater an. „Vor allem dann nicht, wenn es um Dinge geht, die uns eigentlich Spaß machen würden. Es ist aber immer wichtig, dass du auf dich selbst achtest und auf dich hörst. So, wie du das vorhin gemacht hast, als du nicht mit Ball gespielt hast. Du bist Mia, und du entscheidest für dich. Höre auf dich, und entscheide immer so, dass es sich für dich gut und richtig anfühlt."

Mia überlegte für einen Moment und nickte.

„Können wir zum Strand gehen und den Sand holen?", fragte sie. Papa schenkte Mia ein Lächeln und nickte.

„Du hast gesagt, dass du nach Hause möchtest", sagte ihr Vater, bevor er aufstand, um seine Schuhe anzuziehen. „Wie wäre es, wenn du dir eines der Kleider anziehst, die dir Oma genäht hat? Dann ist es so, als hättest du ein Stück zu Hause hier."

Mia nickte begeistert, und in den zuvor geröteten Augen breitete sich nun ein Strahlen aus.

Wenig später waren Mia in ihrem blauen Kleid und ihr Vater unterwegs zum Strand. Da es bereits Abend war und ein angenehmer, sanfter Wind wehte, hatten sie beschlossen, zu Fuß zu gehen. Je mehr sie sich von der Ferienanlage entfernten, desto weniger war die Musik der Kinderdisco zu hören. Und je weniger Mia die Musik der Kinderdisco hörte, umso weniger dachte sie daran, was die Kinder dort wohl gerade alles machten. Stattdessen lauschte sie dem Rascheln der Blätter in den Bäumen. Sie hörte die Wellen, genoss das Zwitschern der Vögel und fand es lustig, dass sie und ihr Vater mit ihren Schritten auf dem sandigen Untergrund ein bisschen einen Takt vorgaben, zu dem sich die vielen Geräusche aus der Umgebung gesellten. Sie fühlte sich wie die Dirigentin eines großen Chors. Nur, dass es statt eines Taktstocks ihre Füße waren, die den Takt vorgaben, und dass das Orchester aus Bäumen, Wellen, Vögeln, Wind und anderen Naturgeräuschen bestand.

„Das ist noch viel schöner als die Musik in der Kinderdisco", stellte Mia fest.

Es dauerte nicht lange, bis Mia und ihr Vater am Strand ankamen. Für einen kurzen Moment schaute sich Mia fragend um und war sich nicht sicher, ob sie sich nicht vielleicht verlaufen hatten.

„Bist du dir sicher, dass wir am richtigen Strand sind?“, fragte sie und schaute ihren Vater mit leicht zusammengekniffenen Augenbrauen an. „Es sieht so anders aus als gestern.“

„Das stimmt.“ Ihr Vater schaute sich ebenfalls um. „Das liegt daran, dass jetzt niemand mehr hier ist. Wenn der Strand leer ist, wirkt er ganz anders.“

Mia schaute sich noch eine Weile um und genoss die Weite des Meeres, den sanften Wind in ihren Haaren und den noch lauwarmen Sand unter ihren Füßen.

Dann sammelte sie gemeinsam mit ihrem Vater Sand. Sie hatten extra zwei kleine Flaschen mitgenommen, in die sie ihn füllen konnten. Während Mia den Sand in eine der Flaschen rieseln ließ, konnte sie etwas zwischen den Sandkörnern glitzern und glänzen sehen.

Bevor sie jedoch nach dem Gegenstand greifen konnte, hörte sie die Stimme ihres Vaters.

„Pass auf, Mia“, warnte er und zeigte auf den grünen Gegenstand, den Mia im Sand entdeckt hatte. „Das ist Glas.“

„Wer lässt denn Glas im Sand liegen?", fragte Mia entrüstet und sah nun, dass es sich bei dem Gegenstand tatsächlich um eine kleine grüne, vor allem aber scharfe Glasscherbe handelte.

„Vielleicht ist hier eine Flasche kaputt gegangen und die Scherbe wurde übersehen", vermutete Mias Vater. Er schaute sich für einen Moment um, buddelte ein bisschen im Sand und fand schließlich, wonach er gesucht hatte.

„Hier", sagte er und legte etwas neben die scharfe Glasscherbe. „Das ist auch eine Glasscherbe."

„Aber sie ist ja gar nicht scharf und sieht aus wie ein Stein", stellte Mia fest. Sie nahm den kleinen grünen, steinähnlichen Gegenstand in die Hand und strich über die leicht raue Oberfläche. Er war an keiner Stelle spitz oder scharf.

„Das war einmal eine Glasscherbe", erklärte Mias Vater. „Das Meer und der Sand haben sie aber nach und nach so geschliffen, dass alle scharfen und spitzen Ecken und Kanten verschwunden sind und am Ende dieser schöne Stein übriggeblieben ist."

Mia seufzte.

„Manchmal fühle ich mich wie eine Glasscherbe“, sagte sie.

„Wie meinst du das?“, wollte ihr Vater wissen.

„Naja...“ Mia drehte den Glasstein in ihrer Hand und räusperte sich.

„Ich habe manchmal das Gefühl, als würde ich immer irgendwo anecken, oder als müsste ich immer aufpassen, was ich mache, um nicht das Karussell an Gedanken und Eindrücken in meinem Kopf zum Laufen zu bringen. Ich habe das Gefühl, ich bin wie die Glasscherbe, die im Sand steckt und irgendwann — ohne Vorwarnung — piekst, während jemand im Sand buddelt. Wie heute zum Beispiel mit dem Ballspielen. Ich wollte eigentlich gerne, doch wenn ich ja gesagt hätte, wäre das so gewesen, als ob ich direkt in die scharfe Glasscherbe gefasst hätte“, erklärte Mia.

Mias Vater nickte und legte die Scherbe vor sie hin. Mia legte den Glasstein daneben.

„Sowohl das scharfe Glas als auch der Glasstein sind Glas“, erklärte Mias Vater an. „Sie sehen zwar unterschiedlich aus, doch sie sind beide aus Glas. Das scharfe

Glas kann verletzen. Den Glasstein hingegen kannst du in die Hand nehmen, ohne dir wehzutun."

Mia nickte und seufzte.

„Du bist einzigartig, Mia", sagte ihr Vater. „Du bist so, wie du bist, genau richtig, und ich finde es toll, dass du immer mehr auf dich selbst hörst. Ich finde es gut, dass du merkst, was du brauchst und das machst, was für dich das Beste ist. Auch, wenn es dir nicht immer leichtfällt und auch, wenn du das Gefühl hast, wie eine Glasscherbe zu sein. Denke immer daran, dass eine scharfe Glasscherbe Zeit braucht, um von Sand und Meer zu einem Glasstein geschliffen zu werden. Indem du dich immer mehr mit dir selbst, deinen Gefühlen und deinen Wünschen auseinandersetzt, schleifst du dich selbst immer mehr. Du bist keine Glasscherbe, Mia. Du bist ein wundervoller Diamant, den du nach und nach immer mehr schleifst, sodass er seinen vollen Glanz entfaltet."

Für einen Moment herrschte Stille zwischen Mia und ihrem Vater. Mia spielte erneut mit dem Glasstein in ihrer Hand und seufzte schließlich.

„Danke", flüsterte sie.

„Du musst dich nicht bedanken, Mia", sagte ihr Vater. „Das ist die Wahrheit. Jeder von uns ist ein Rohdiamant, und im Laufe unseres Lebens schleifen wir diesen Diamanten. Unsere Erfahrungen, unsere Entscheidungen und die Auseinandersetzung mit unseren Gefühlen und Bedürfnissen tragen alle dazu bei, den Diamanten zu schleifen."

Mia nickte und legte den Stein beiseite, um erneut Sand in die Flasche zu füllen. Da es Sommer war, ging die Sonne erst recht spät unter, doch während Mia und ihr Vater am Strand waren, konnten sie die Sonne dabei beobachten, wie sie nach und nach immer mehr im Meer versank. Es war fast so, als würde sie mit ihren Strahlen wie mit vielen kleinen Pinseln ein wundervolles Kunstwerk an den Himmel malen. Eine Mischung aus roter, orangener und lila Farbe lag über Mia und ihrem Vater, und Mia wusste nun, dass das viel schöner war als das künstliche Licht in der Kinderdisco.

Sie würde bestimmt einmal hingehen, bevor sie wieder nach Hause fliegen würden, doch an diesem Abend, nach diesem aufregenden Tag, konnte sie sich keinen bessern Abschluss als das Rauschen des Meeres und die Farbenpracht des Sonnenuntergangs am Himmel vorstellen.

Als Mia und ihr Vater zurück zur Ferienwohnung spaziert waren, war Ben bereits eingeschlafen, und Mias Mutter hatte es sich mit einem Buch auf dem Balkon gemütlich gemacht.

„Da seid ihr ja wieder", nahm sie die beiden lächelnd in Empfang.

Gemeinsam mit ihrem Vater machte sich Mia gleich daran, die Sanduhr zu bauen. Mit ein bisschen Kleber und zwei Flaschen wollten sie sie zusammenbasteln. Vorher färbten sie den Sand mit blauer Lebensmittelfarbe ein, die Ben zum Glück im Supermarkt hatte mitnehmen wollen. Weder Mia noch ihre Eltern hatten verstanden, warum, doch in diesem Moment war Mia unglaublich froh darüber, dass Ben auf dem Kauf bestanden hatte.

Bei den Bastelsachen, die Mia mitgenommen hatte, fand sie sogar noch ein bisschen Glitzer, den sie mit unter den Sand in der Sanduhr mischen konnte.

Es dauerte nicht lange, bis die Sanduhr fertig war. Begeistert schauten sich Mia und ihr Vater an, bevor sie Mias Mutter das Ergebnis zeigten. Auch Mama fand, dass die Sanduhr wunderschön war. Doch Mia konnte die Worte ihrer Mutter nur noch verschwommen hören. Mit einem Mal merkte sie, wie sich die Müdigkeit in ihrem gesamten Körper ausbreitete. Jetzt, da sie eine Sanduhr hatte, ließ sie die Müdigkeit zu und konnte es kaum abwarten, ins Bett zu fallen.

Schnell warf sich Mia in ihren Schlafanzug und putzte sich die Zähne, ehe sie es sich unter ihrer Decke und neben ihrem Stoffhasen Lino bequem machte.

„Gute Nacht, mein Schatz“, sagte Mias Vater, der noch einmal ins Zimmer gekommen war, um nach ihr zu sehen, und gab dem Mädchen einen Kuss auf die Stirn. Mia hörte, wie er etwas auf dem Nachttisch ablegte und drehte sich noch einmal um. Neben der Sanduhr, die in ihren Augen die schönste Sanduhr auf der ganzen Welt war, lag der Glasstein auf dem Nachtschrank. Ihr Vater hatte ihn vom Strand mitgenommen. Mia lächelte froh.

„Gute Nacht, Papa“, sagte sie, bevor sie die Sanduhr umdrehte und dabei zusah, wie der blaue Glitzersand von oben nach unten rieselte. In nur wenigen Augenblicken war sie eingeschlafen und träumte von Diamanten, Glasscherben, Wellen und Sand.

Kommst du dir auch manchmal vor, als wärst du anders? Was fühlst du in diesen Momenten?

Was hilft dir besonders, wenn du merkst, dass dir alles zu viel wird? Hast du ein Ritual oder einen Gegenstand (so wie Mia ihre Sanduhr hat), der dir in diesem Fall hilft?

Der Sandburgenwettbewerb

Inzwischen waren ein paar Tage vergangen. Mia und ihre Familie hatten die meiste Zeit am Strand verbracht. An einem Abend war Mia sogar mit Bianca in die Kinderdisco gegangen. Sie hatte zuvor mit ihren Eltern genau geplant, wann sie gehen wollte, sodass sie sich nur wenige Stunden vormittags am Strand aufgehalten und den Rest des Tages bis zum Beginn der Kinderdisco zu Hause in der Ferienwohnung verbracht hatten. In dieser Zeit hatten Mia und Ben ein bisschen gemalt, eine Postkarte für Oma und andere Verwandte geschrieben und ein wenig Memory gespielt.

Auf diese Weise hatte Mia sehr viel Spaß in der Kinderdisco gehabt, auch wenn sie nicht so viel durch die Gegend tanzte wie die anderen Kinder. Doch das war in Ordnung. Sie hatte sich den Glasstein mit in die Kinderdisco genommen und die ganze Zeit in der

Hand gehalten. Leider hatte das blaue Kleid, das ihr ihre Oma genäht hatte, keine Taschen – sie hatte beschlossen, ihre Oma darum zu bitten, ihr Taschen an das Kleid zu nähen, sobald sie wieder daheim waren.

Mia hatte gar nicht gemerkt, wie schnell die Tage vergangen waren, und auch, wenn sie zwischendurch immer mal wieder Heimweh gehabt hatte, hatte sie viel Spaß im Urlaub. Deswegen fühlte sich es nun auch komisch an, zu wissen, dass die letzten Tage des Urlaubs angebrochen waren und sie in nur wenigen Tagen zurück nach Hause fahren würden.

Da nicht nur Mia und ihre Familie, sondern auch viele weitere Familien in den nächsten Tagen wieder abreisen würden – die Ferienzeit neigte sich für alle langsam dem Ende zu, und die Schule würde bald wieder starten – hatte die Ferienanlage ein paar interessante Angebote zur Verfügung gestellt.

Als Mia mit ihrem Bruder vor dem großen Aushang stand, auf dem alle Angebote festgehalten waren, merkte sie bereits, dass ihr Herz schnell in ihrem Brustkorb schlug. In ihrem Hals bildete sich ein Kloß, und sie stellte fest, dass sie nervös von einem Bein auf das andere schaukelte. Doch dann erinnerte sie sich daran, was ihr Vater am Strand gesagt hatte. Also holte Mia tief Luft, atmete wieder aus und warf erneut einen Blick auf den Aushang.

Nun kam er ihr nicht mehr ganz so mächtig und überwältigend vor. Sie las sich die einzelnen Angebote durch und wusste sofort, dass sie sich für den größten Teil nicht interessierte.

Genau genommen fand sie keine der vorgeschlagenen Aktivitäten reizvoll. Sie warf einen Blick auf ihren Bruder. Ben würde nach den Sommerferien in die Schule kommen, konnte jedoch bereits recht gut lesen und schreiben. Mias Bruder verbrachte viel Zeit zu Hause und hatte sich das Lesen und das Schreiben selbst beigebracht. Zwar brauchte er einen Moment, um das Angebot lesen zu können, doch als er fertig war, sah er Mia mit großen Augen an.

„Machst du mit mir bei dem Sandburgenwettbewerb mit?“

Mia wusste, wie gerne Ben Sandburgen baute. In den letzten Tagen am Strand hatte er den ganzen Tag kaum etwas anderes gemacht. Er baute jedoch nicht einfach nur Sandburgen, sondern richtige Landschaften. Ben erschuf Burgen, Häuser,

Wälder und ganze Städte aus dem Sand.

„Na gut“, stimmte Mia zu, und das breite Lächeln und das Strahlen in den Augen ihres Bruders sorgten für ein warmes und angenehmes Kribbeln in ihrem Körper.

Da der Sandburgenwettbewerb bereits am nächsten Tag stattfinden würde, übten Mia und Ben den ganzen Tag am Strand. Lediglich zum Mittagessen und für einen Nachmittagssnack machten sie eine kleine Pause. Mia merkte gar nicht, wie die Zeit verging, und sie hatte viel Spaß dabei, sie mit ihrem Bruder zu verbringen.

Am nächsten Tag wachte Mia auf, weil sie ihren Bruder begeistert im Wohnzimmer reden hören konnte. Er sprach über den Sandburgenwettbewerb und darüber, wie aufgeregt er war. Er konnte es kaum abwarten, gemeinsam mit Mia eine Sandburg zu bauen und zu sehen, welche Bauwerke die anderen Kinder aus dem Sand kreieren würden.

Mia blieb, wie jeden Morgen, eine Weile liegen und lauschte den Geräuschen, die sie außer der Stimme ihres Bruders hören konnte. Sie hörte ein paar Kinder draußen Ball spielen und konnte auch Biancas Stimme hören. Mit Bianca hatte sie in den letzten Tagen ebenfalls viel Zeit verbracht, und sie würde sie sehr vermissen, wenn sie bald wieder nach Hause fuhr.

Nach einem gemütlichen Frühstück auf dem Balkon machte sich die Familie auf den Weg zum Strand. Der Sandburgenwettbewerb würde in wenigen Augenblicken starten, und Mias Eltern wollten noch genug Zeit haben, um zuvor den Sonnenschirm aufzubauen und die Decke auszubreiten.

„Auf die Plätze, fertig, los", ertönte die Stimme eines der Schiedsrichter, und sofort machten sich alle Teilnehmer des Wettbewerbs an die Arbeit. Mia und Ben waren inzwischen ein eingespieltes Team und fingen an, ihre Sandburg zu bauen. Doch Mia merkte, dass Ben nicht bei der Sache war. Sie beobachtete ihn dabei, wie er immer und immer wieder einen Blick auf die große Stoppuhr auf dem Tisch der Schiedsrichter warf, und Mia war sich nicht sicher, ob die Schweißperlen auf der Stirn ihres Bruders vom warmen Wetter oder von seiner Nervosität stammten.

„Ben", sagte sie und fasste das Handgelenk ihres Bruders. Ben drehte sich zu Mia um, und Mia konnte in seinen Augen sehen, dass er überfordert war. „Brauchst du eine Pause?", fragte sie, doch Ben schüttelte den Kopf.

„Wenn wir eine Pause machen, verlieren wir Zeit, und dann riskieren wir, dass wir den Wettbewerb nicht gewinnen können."

Bevor Mia etwas sagen konnte, war Ben erneut mit seinem Eimer in der Hand zum Wasser gelaufen, um den Sand nass machen und für die Burg vorbereiten zu können. Doch einmal war der Sand zu nass, dann war er zu trocken, und so sehr sich Ben und Mia auch anstrengten, die Sandburg wollte einfach nicht gelingen. Ben schaute sich um, und als er sah, wie weit die anderen Kinder mit ihren Burgen bereits waren, traten Tränen in seine Augen. Er schmiss seinen Eimer und seine Schaufel auf den Boden und rannte in die entgegengesetzte Richtung – weg vom Sandburgenwettbewerb.

„Ich mach das schon", rief Mia ihren Eltern zu und rannte ihrem Bruder hinterher. Er hatte sich hinter einem der Felsen am Strand zusammengekauert und weinte.

Ohne ein Wort zu sagen, setzte sich Mia neben ihn und legte ihm ihre Hand aufs Knie. Kurz darauf spürte sie, wie die kurzen Haare ihres Bruders an ihrem Hals kitzelten, als er sich an sie lehnte und schluchzte.

„Warum geht heute alles schief?", fragte er seine Schwester und schniefte. „Wir haben doch so gut geübt."

„Das stimmt.“ Mia nickte. „Wir haben sehr viel geübt und wundervolle Sandburgen zusammen gebaut. Aber heute ist eine ganz besondere Situation. Ich denke, dass du dich ein bisschen unter Druck gesetzt gefühlt hast. Macht dir die Uhr Stress? Hast du das Gefühl, dich nicht auf das Bauen der Sandburgen konzentrieren zu können, weil auf dem Tisch der Schiedsrichter die Uhr steht?“, fragte Mia.

„Ja“, antwortete Ben. „Ich hatte das Gefühl, das Ticken der Zeiger ganz laut in meinem Kopf hören zu können. Auf einmal wusste ich gar nicht mehr, was ich machen soll. Dann habe ich die Burgen der anderen Kinder gesehen, und dann…“, seine Stimme brach und er schluchzte erneut.

„Ich kann das gut verstehen“, versuchte Mia ihren Bruder zu beruhigen. „Was hältst du davon, wenn wir hier ein bisschen am Strand spazieren gehen und ein paar Muscheln und Steine suchen, die wir als Dekoration benutzen können?“, schlug sie vor. Zuerst zuckte Ben mit den Schultern, stimmte dem Vorschlag seiner Schwester jedoch schließlich zu und stand gemeinsam mit ihr auf, um nach Verzierungen für ihre Sandburg zu suchen. Gemeinsam fanden sie viele wunderschöne Muscheln. Ben entdeckte sogar eine ganz große.

„Warte mal“, sagte Mia, als sie die Muschel sah. „Ich glaube, das ist eine der Muscheln, in denen man das Meer rauschen hören kann.“

Sie hielt sich die Muschel an das Ohr und nickte begeistert.

„Ja.“ Sie lächelte ihren Bruder an. „Ben, du hast eine Muschel gefunden, in der man das Rauschen des Meeres und der Wellen hören kann.“

„Wow“, rief Ben aus und hielt sich ebenfalls die Muschel ans Ohr. Dann warf er einen Blick auf die vielen kleinen Muscheln und Steine, die sie bereits gesammelt hatten.

„Glaubst du, wir haben genug für die Dekoration?“, fragte er seine Schwester.

Mia nickte, und gemeinsam spazierten sie zurück zur Picknickdecke ihrer Eltern. Bevor sie sich erneut daran machten, am Sandburgenwettbewerb teilzunehmen, nahm Mia ihren Bruder beiseite und flüsterte ihm etwas zu.

„Wenn wir jetzt weiter an dem Wettbewerb teilnehmen, ist es wichtig, dass du dich nicht auf die Uhr konzentrierst“, fing sie an. „Selbst wenn wir nicht in der vorgegebenen Zeit fertig werden, ist das nicht schlimm. Das Wichtigste ist, dass wir Spaß haben. Stell dir einfach vor, dass wir wie gestern zusammen eine Sandburg bauen – nur du und ich. Ohne Wettbewerb, ohne Zeitbegrenzung und ohne Druck.“

Ben schenkte Mia ein Lächeln und nickte. Dann machten sich die beiden Geschwister daran, eine Burg zu bauen. Die Zeit reichte nicht, um eine besonders große Festung zu bauen, dafür hatte ihre jedoch eine zauberhafte Dekoration aus Muscheln und Steinen. Die Muschel, in der man das Rauschen des Meeres hören konnte, hatte Ben jedoch auf der Picknickdecke gelassen – er wollte sie mit nach Hause nehmen.

Mit ihrer Sandburg hatten Ben und Mia den Wettbewerb zwar nicht gewonnen, doch als die ganze Familie im Anschluss ein Eis essen ging, bedankte sich Ben bei Mia.

„Wir waren heute zwar nicht die Sieger“, sagte er und schleckte an seinem Eis. „Aber ich habe gelernt, wie ich besser mit stressigen Situationen umgehen kann. Das ist viel mehr Wert, als einen Sandburgenwettbewerb zu gewinnen."

Bevor sie in die Ferienwohnung zurückkehrten, bauten Ben und Mia nochmal eine Sandburg. Dieses Mal ging nichts schief, und Mia war sehr froh darüber, gemeinsam mit ihrem Bruder an dem Wettbewerb teilgenommen zu haben. Er hatte ihr beigebracht, wie man die größten Sandburgen baut, und sie hatte ihm dabei geholfen, mit Druck umzugehen. Dafür war sie unglaublich dankbar.

Wie gehst du mit Situationen um, in denen du in Stress gerätst oder in denen du Druck verspürst? Was hilft dir?

Ist bei dir auch schon einmal etwas schiefgegangen, was du eigentlich kannst, weil du dich gestresst und unter Druck gesetzt gefühlt hast?

Ein ganz BESONDERES KLEID

Obwohl Mia ab und an nicht abwarten konnte, wieder nach Hause zu fliegen und ihr eigenes Zimmer zu haben, hatte sie in den letzten Tagen in der Ferienanlage sehr viel Spaß. Gemeinsam mit ihren Eltern und ihrem Bruder war sie erneut in der Bäckerei gewesen, um Essen für ein Picknick zu kaufen, sie waren zu dem großen Pool der Ferienanlage gegangen und konnten dort rutschen und vom Sprungbrett hüpfen, und Bianca hatte ihr ihr Smartphone geliehen, mit dem Mia Aufnahmen machen konnte.

Bei alldem hatte Mia gar nicht gemerkt, wie schnell auch die letzten Tage ihrer Ferien in der Anlage vergangen waren. Ehe sie sich versah, war der Abend vor der Abreise gekommen. Da der Flug recht früh ging und sie die Ferienanlage sehr zeitig am Morgen verlassen mussten, verabschiedete sich Mia am Abend davor von Bianca.

Sie musste mit den Tränen kämpfen. Auch wenn sie Bianca noch nicht lange kannte, hatte sie sie in ihr Herz geschlossen, und sie war traurig darüber, sie nun nicht mehr sehen zu können, wann sie wollte. Leider wohnten sie nicht sehr nah beieinander, hatten aber beschlossen, sich gegenseitig zu besuchen und per Brief in Kontakt zu bleiben.

Bei dem Gedanken daran, Briefe zu bekommen, breitete sich ein Kribbeln in Mias Körper aus. Sie fragte sich immer, warum im Briefkasten daheim immer nur Briefe für ihre Eltern lagen, und wieso sie nie Post bekam.

Deswegen konnte es Mia kaum abwarten, einen Brief nur für sich zu bekommen, was ihr den Abschied etwas leichter machte.

Auch Ben verabschiedete sich von Biancas Bruder — seinem neuen Freund — und während die Eltern der beiden Geschwister die Koffer packten, legten sich Mia und Ben bereits ins Bett.

Am nächsten Morgen kamen sie sehr früh am Flughafen an. Mia hatte ihr Lieblingskleid angezogen und hielt ihren Plüschhasen in der Hand. Ihre neue Sanduhr und ihr Glasstein waren in ihrem Koffer verstaut. Ben stand mit seinem Stoffhund Schnuffel im Arm neben ihr. Ihm machten laute Geräusche mehr zu schaffen als Mia, weshalb seine Eltern ihm für die Zeit am Flughafen —
wo es wirklich sehr laut war — ein paar Kopfhörer besorgt hatten, die er nun trug. Durch sie konnte Ben den lauten Lärm nicht hören und somit sehr viel besser entspannen.

Obwohl Mia recht früh schlafen gegangen war, war sie müde. Da die Schlange für die Kofferaufgabe ziemlich lang war, sie vor lauter Aufregung jedoch nicht in eine der Bäckereien gehen wollte, um etwas zu essen, setzte sie sich auf ihren Koffer. Ihre Mutter sah nicht, dass Mia auf dem Gepäckstück hockte und griff danach, ohne hinzugucken, um es ein bisschen nach vorne zu ziehen. Mia verlor das Gleichgewicht, konnte sich aber zum Glück fangen. Allerdings verhieß das laute „Ratsch“ nichts Gutes. In der Tat stellte Mia fest, dass sie auf ihr Kleid gestiegen war und es einen Riss bekommen hatte, als sie versucht hatte, nicht hinzufallen.

„Mein...mein...“, stotterte sie, hatte aber sofort das Gefühl, ihre Stimme nicht an dem dicken Kloß in ihrem Hals vorbeipressen zu können. „Mein Kleid“, flüsterte sie.

„Mia, es tut mir so leid.“ Ihre Mutter schaute ihre Tochter bedauernd an und warf dann einen Blick auf den Riss. „Ich hätte vorher schauen sollen, ob du auf dem Koffer sitzt. Entschuldige bitte.“

In Mias Augen bildeten sich Tränen. Es war einfach zu viel. Der Abschied von Bianca, der Flug, der ihr ein bisschen Angst machte und nun auch noch der Riss im Kleid. Sie schluchzte und fiel ihrer Mutter in die Arme.

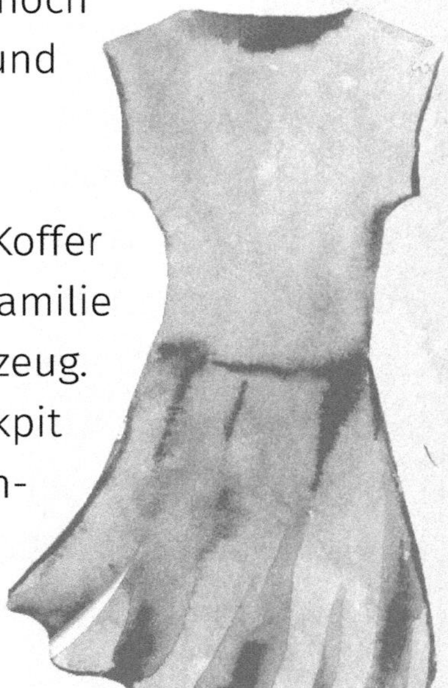

Wenig später hatte ihr Vater die Koffer fertig aufgegeben, und die Familie machte sich auf den Weg zum Flugzeug. Obwohl Mia wusste, wie es im Cockpit aussah und dass Fliegen eine wunderschöne Sache war, zitterte sie und hatte ein bisschen Angst vor dem Flug.

„Erinnere dich einfach daran, wie mutig du beim Hinflug warst." Mias Vater hatte gemerkt, wie aufgeregt Mia vor dem Abflug war und legte ihr seinen Arm um die Schultern. Mia nickte und atmete einmal tief ein und wieder aus. Sie schloss die Augen und erinnerte sich an das Gefühl, das sich in ihrem Körper ausgebreitet hatte, als sie auf dem Hinflug das Cockpit ansehen durfte. Mit diesem Gefühl stieg sie schließlich in das Flugzeug ein und setzte sich auf ihren Platz direkt am Fenster. In Gedanken verabschiedete sie sich von Spanien, der Ferienanlage und dem Strand. Sie hatte eine tolle Zeit gehabt, war jedoch glücklich darüber, nun wieder nach Hause zu kommen.

Als sie landeten, wartete ihre Oma bereits am Flughafen auf die Familie, und Mia zeigte ihr gleich den Riss in ihrem Kleid.

„Keine Sorge", beruhigte sie die Oma. „Wir fahren morgen in die Stadt und kaufen einen neuen Stoff. Dann nähe ich dir ein neues Kleid."

Gemeinsam mit Oma fuhr die Familie nach Hause, und obwohl Mia noch ein wenig traurig über den Riss im Kleid war, musste sie lächeln, als ihr der bekannte und vertraute Geruch von zu Hause in die Nase stieg. Ihre Augen strahlten, als sie in ihr Zimmer ging, und sie verbrachte den Rest des Tages damit, zu malen, zu lesen und einen

Brief für Bianca zu schreiben. Am Abend grillte die ganze Familie, und Mia freute sich darauf, am nächsten Tag Stoff für ihr Kleid zu kaufen. Schließlich würde in zwei Tagen die Schule wieder starten, und sie wollte unbedingt ein Kleid tragen, in dem sie sich rundum wohlfühlte. Zwar machte Mia die Schule Spaß, doch nach so viel Ferien war es eine Umstellung, nun wieder den Unterricht zu besuchen.

Am nächsten Tag mussten Mia und ihre Oma feststellen, dass der Laden, in dem sie den Stoff für ihr blaues Kleid gekauft hatten, geschlossen war. Mias Eltern und Ben waren zu Hause geblieben, um all die Schulsachen zu packen, die Ben für seinen ersten Schultag brauchte.

„Oh nein", sagte Mia und schaute traurig zu Boden. „Und was machen wir jetzt? Warum habe ich nur so ein Pech?"

„Mach die keine Sorgen, Mia." Oma lächelte das Mädchen aufmunternd an. „Ich nähe dir den Riss einfach zu."

„Aber das sieht man dann doch." Mia ließ den Kopf immer noch hängen.

„Wollen wir es vielleicht einfach probieren?“

Eigentlich war Mia kein Mensch, der sich einfach in Sachen hineinstürzte. Sie mochte es nicht, Dinge einfach auszuprobieren, doch wenn sie ihr Lieblingskleid in der Schule tragen wollte, musste sie sich wohl oder übel darauf einlassen.

„Na gut.“ Mia seufzte. Gemeinsam mit ihrer Oma ging sie zurück nach Hause, wo es sich Mia auf der Couch gemütlich machte, während Oma sich gleich an die Nähmaschine setzte, um sich an die Arbeit zu machen.

Nach einiger Zeit schaute Mia nach, wie weit ihre Oma war und betrachtete den ausgebesserten Riss sehr aufmerksam. Mit zusammengekniffenen Augen untersuchte sie ihn ganz genau und stellte fest, dass er ein bisschen aussah wie eine Welle im blauen Meer.

„Die Naht erinnert mich an den Strand, an dem wir Urlaub gemacht haben“, murmelte Mia. „Sie erinnert mich vor allem an den Moment, als ich gemeinsam mit Papa dort war, um Sand für die Sanduhr zu sammeln.“

„Du meinst die schöne Sanduhr, die neben deiner anderen Sanduhr in deinem Zimmer steht?“, fragte Oma nach. Mia nickte.

Sie dachte daran zurück, was ihr ihr Vater an diesem Tag erzählt hatte. Sie erinnerte sich an seine Worte und daran, dass er ihr gesagt hatte, dass sie, so wie sie war, einzigartig und genau richtig war. Gleichzeitig dachte sie an die Glasscherbe und den Glasstein zurück. Auf einmal kam Mia eine Idee.

„Können wir noch etwas auf das Kleid nähen?“, fragte sie ihre Oma.

„Natürlich“, erwiderte sie und warf Mia einen fragenden Blick zu. „Was möchtest du denn gerne draufnähen?“

Mia erzählte ihrer Oma, was sie gerne auf ihrem Kleid haben wollte, und während die ihrer Enkelin zuhörte, wurde das Lächeln auf ihren Lippen und das Strahlen in ihren Augen immer stärker.

„Das ist eine wundervolle Idee, Mia“, sagte sie. „Machen wir uns an die Arbeit.“

Mia und ihre Oma verbrachten den Nachmittag damit, Mias Kleid zu verschönern, und jedes Mal, wenn Ben, Papa oder Mama kamen, um einen Blick darauf zu erhaschen, schickten Oma und Mia sie wieder weg. Später wollte das Mädchen das Kleid anziehen und es allen vorführen.

Endlich war es so weit, und das Kleid war fertig. Als Mia es anzog, fühlte es sich noch besser und noch angenehmer an als zuvor. Es war schon vorher zu ihrem Lieblingskleid geworden, doch nach den kleinen Veränderungen fühlte es sich noch mehr wie ihr ganz persönliches Kleid an.

„Bereit?“, fragte sie, während sie hinter der Wohnzimmertür stand. Ben, Mama und Papa, die alle gemeinsam auf der Couch saßen und auf Mia warteten, um sie in ihrem Kleid zu sehen, riefen „Ja!“ und schauten gespannt zur Tür.

Als Mia hereinkam, staunten alle über das Kleid. Neben der Naht, die aussah wie eine Welle, hatte Mias Oma aus hellbraunem Stoff Sandkörner auf das Kleid genäht. Zwischen den Sandkörnern befand sich der Glasstein, den Mia mit ihrem Vater am Strand gefunden hatte.

„Das ist mein Meerkleid“, verkündete Mia stolz ihrer Familie. „Es erinnert mich immer daran, was ich alles im Urlaub über mich gelernt habe. Es erinnert mich daran, dass ich so, wie ich bin, genau richtig bin und dass ich ein Diamant bin, der nach und nach geschliffen wird.“

Mias Familie war begeistert und klatschte. Mia begann zu lächeln. Das war das schönste Kleid, das sie je getragen hatte.

„Mia, das Kleid ist wirklich wundervoll und einzigartig", sagte ihre Mutter. „Und es zeigt, dass du wirklich ein Auge für die kleinen Dinge hast."

„Das stimmt", meldete sich nun auch die Oma zu Wort. „Mia hat mir ganz genau gesagt, welche Teile an welche Stelle kommen. Ich habe nur genäht."

Jetzt fühlte sich Mia wirklich bereit für den ersten Schultag nach den Ferien, und sie freute sich darauf, morgen gemeinsam mit der Familie Bens ersten Schultag in der ersten Klasse zu feiern.

Ist dir auch schon einmal ein Lieblingsklei-dungsstück kaputt gegangen? Wie hast du dich in diesem Moment gefühlt? Was hast du gemacht?

Würdest du auch gerne einmal ein Kleidungs-stück neu gestalten? Wenn ja, welches, und wie würdest du es gestalten? Würdest du ihm auch eine Bedeutung geben, so wie Mia ihrem Kleid eine Bedeutung gegeben hat?

Bens
ERSTER SCHULTAG

Es fiel Mia nicht leicht, am nächsten Tag aus dem Bett zu kommen. Der Wecker klingelte viel zu früh nach der viel zu kurzen Nacht. Aber eigentlich waren Mia und Ben beide recht früh ins Bett gegangen, um genug Schlaf zu bekommen.

Und obwohl Mia weiterhin dieselbe Klassenlehrerin und auch dieselben Klassenkameraden haben würde, hatte sie nicht gut schlafen können. Sie war zu aufgeregt gewesen und hatte sich die ganze Zeit vorgestellt, wie es wohl sein würde, nun nicht mehr in die erste, sondern in die zweite Klasse zu gehen. Was würde sie alles lernen?

Irgendwann war sie zwischen all den Gedanken schließlich eingeschlafen und gähnte und streckte sich nun, nachdem sie ihren Wecker ausgeschaltet hatte.

Vom Flur aus konnte sie bereits Schritte hören. Ihr Bruder war aufgestanden, und mit einem Lächeln auf den Lippen erinnerte sich Mia an ihren eigenen ersten Schultag und daran, wie aufgeregt sie gewesen war. Sie erinnerte sich aber auch daran, dass sie ganz schön viele Eindrücke auf einmal erlebt hatte und nach der Schule erst einmal einen Moment für sich gebraucht hatte, um sich zu entspannen und zur Ruhe zu kommen.

Nach einem gemütlichen Frühstück ging die Familie gemeinsam zur Schule. Mia und Ben wohnten nicht weit davon weg, sodass sie nicht mit dem Bus fahren mussten, sondern nur fünf Minuten zu gehen hatten.

„Wir sehen uns später, Ben“, verabschiedete sich Mia von ihrem Bruder und winkte ihm zu. „Du wirst sehen, dass du ganz viel Spaß haben wirst.“

Bevor sie sich umdrehen und in ihre Klasse gehen konnte, sah sie, dass Bens Lippen zwar ein Lächeln formten, aber trotzdem zitterten und bebten. Ohne lange zu überlegen, streckte Mia ihre Arme aus und zog ihren kleinen Bruder an sich.

„Ich bin ganz in deiner Nähe, und Mama, Papa, Oma und Opa sind hier auf dem Schulhof“, beruhigte sie ihn. „Am ersten Schultag machst du noch nicht so viel.“

„Was werde ich denn machen?“, fragte Ben und spielte nervös mit seinen Fingern.

„Ihr werdet euch wahrscheinlich alle vorstellen“, vermutete Mia. „So lernst du deine Klassenkameraden kennen, und deine Klassenkameraden lernen dich besser kennen.“

„Das heißt, dass ich vor den anderen sprechen muss?“, fragte Ben erschrocken und riss seine Augen weit auf.

Mia nickte.

„Ich denke ja.“

„Aber ich will nicht vor allen anderen sprechen“, sagte Ben. „Ich fühle mich unwohl, wenn mich alle anschauen.“

„Das kann ich gut verstehen“, sagte Mia und überlegte für einen Moment. „Wie wäre es denn, wenn du dir vorstellst, dass ich mit in der Klasse sitze?“, schlug sie vor. „Stell dir einfach vor, ich sitze vor dir und du erzählst mir über dich.“

„Aber du bist doch gar nicht da, und außerdem bist du meine Schwester – du kennst mich schon“, widersprach Ben. „Ich muss mich dir gar nicht mehr vorstellen.“

Mia kratzte sich an der Stirn und überlegte weiter.

„Hast du deinen Schnuffel dabei?“, fragte Mia. Ben nickte zögerlich und deutete auf seinen Schulranzen, den er auf dem Rücken trug.

„Wie wäre es, wenn du ihn die ganze Zeit fest drückst, wenn du dich damit wohler fühlst?“

„Und was mache ich, wenn ich mich die anderen auslachen?“, fragte Ben.

„Das glaube ich nicht, Ben“, sagte Mia, und bevor sie weitersprechen konnte, ertönte die Schulklingel.

„Ich muss los!“ Mia warf ihrem Bruder einen entschuldigenden Blick zu. „Du wirst sehen, dass es super wird. Du schaffst das“, sagte sie und drehte sich dann um, um in ihre Klasse zu gehen.

Nun stand Ben gemeinsam mit seinen Eltern, seinen Großeltern und den anderen Schulkindern und deren Familien auf dem Schulhof und wartete darauf, dass der Direktor kam. Stühle waren auf dem Schulhof aufgestellt, und mit zitternden Beinen folgte Ben seinen Eltern und Großeltern.

Nach kurzer Zeit kamen immer mehr Kinder mit ihren Schultüten im Arm auf dem Schulhof an. Auf Bens Schultüte waren viele kleine Hunde abgebildet, und er war schon sehr gespannt darauf, was er später zu Hause alles darin finden würde.

Er dachte an Mias Worte und spielte mit dem Verschluss seines Schulranzens. Er war sich unsicher, ob er seinen Plüschhund wirklich aus dem Schulranzen nehmen sollte oder nicht.

Auf einmal spürte er, wie sich jemand auf den Stuhl neben ihm setzte. Es war ein Mädchen, das genauso nervös wie Ben war. Ben schenkte ihm ein leichtes Lächeln, und das Mädchen lächelte zurück.

Ben stellte wenig später fest, dass er gemeinsam mit dem Mädchen in eine Klasse gehen würde. Das hatte der Direktor gesagt, nachdem er alle Kinder willkommen geheißen und ihnen die Klassenaufteilung mitgeteilt hatte.

Während die Eltern der Kinder auf dem Schulhof warteten und ein paar Erfrischungsgetränke genossen, gingen die Erstklässler in ihre Klassenräume. Ben und das Mädchen setzten sich nebeneinander, sprachen jedoch kein Wort. Als sich Ben genauer umsah, stellte er fest, dass kaum jemand sprach und alle aufgeregt waren.

Die Klassenlehrerin stellte sich vor, und Ben fand, dass sie sehr nett aussah. Er fragte sich, warum sie gar nicht nervös war, und wie sie es schaffte, so ruhig vor allen zu sprechen. Nun waren die Kinder an der Reihe, sich vorzustellen.

„Stellt euch am besten mit eurem Namen, eurem Lieblingstier und einem eurer Hobbys vor“, schlug die Lehrerin vor und schaute erwartungsvoll in die Runde. Doch keines der Kinder machte Anstalten, etwas zu sagen. Jeder wartete, dass ein anderes Kind aufstand, um etwas von sich zu erzählen.

Ben dachte an Mias Worte, atmete tief ein und wieder aus und öffnete schließlich seinen Schulranzen, um seinen Stoffhund herauszuholen. Er nahm ihn fest in den Arm und stand auf.

Die Lehrerin lächelte ihn an und nickte ihm zu.

„Ich..., ich..." Ben drückte Schnuffel noch fester und holte erneut tief Luft. „Ich bin Ben, mein Lieblingstier ist der Hund, und ich habe viele Hobbys. Ich male und bastele gerne, spiele gerne Fußball und gehe gerne in den Zoo."

„Das ist toll, Ben", sagte die Lehrerin. „Vielen Dank für deine Vorstellung. Magst du uns noch sagen, wen du da mitgebracht hast?", fragte sie und zeigte auf den Plüschhund in Bens Arm.

„Das ist mein Stoffhund Schnuffel", antwortete Ben. „Ich nehme ihn überall mit hin."

Für einen Moment schloss Ben die Augen, denn er hatte Angst davor, dass jemand lachen würde. In der Tat hörte er ein Lachen und merkte sofort, wie sich ein großer Kloß in seinem Hals bildete.

Schnell setzte er sich wieder und steckte Schnuffel in den Schulranzen.

„Ich finde es toll, dass du deinen Plüschtier mitgenommen hast, Ben", sagte die Lehrerin und griff nach ihrer Tasche. Sie hatte keinen Schulranzen, sondern eine große, schwarze Ledertasche, und aus dieser holte sie ein kleines Stofftier, das an einem großen Schlüsselbund hing.

„Das ist Pieps", teilte sie der Klasse mit und hielt den plüschigen Schlüsselanhänger in Küken-Form hoch. Das Stofftier sah sehr mitgenommen aus, und Ben nahm an, dass es schon sehr alt war.

„Pieps habe ich, seit ich in der ersten Klasse war, und seitdem nehme ich ihn immer überall mit hin", erklärte die Lehrerin. „Ein Kuscheltier oder einen anderen Glücksbringer zu haben, der uns Sicherheit gibt, ist nichts Schlimmes und vor allem nichts, wofür wir uns schämen müssen."

Für einen Moment herrschte Stille im Raum, bis sich ein Junge in der hinteren Ecke meldete.

„Ich wollte mich entschuldigen“, sagte er. „Als ich Bens Stoffhund gesehen habe, habe ich gelacht.“

Der Junge schaute betreten zu Boden.

„Ich habe meinen Glücksbringer zu Hause gelassen, weil ich dachte, dass es peinlich ist, ihn mitzunehmen“, gab er zu. „Aber jetzt weiß ich, dass nichts Schlimmes dabei ist, einen Glücksbringer zu haben, und ich wünschte, ich hätte mein Stofftier mitgenommen.“

„Ich kann dir meins leihen, während du dich vorstellst, wenn dir das hilft“, bot Ben an, und die Augen des Jungen strahlten.

Während Ben dem Jungen seinen Plüschhund brachte, sah er, wie ein paar andere Kinder ihre Schulranzen öffneten und ihre Glücksbringer hervorholten. Unter anderem sah er Stofftücher, Kuscheltiere, Steine und auch andere Figuren und Gegenstände.

Die Vorstellungsrunde war anschließend richtig interessant, und Ben erfuhr, dass seine Banknachbarin Lisa hieß und dass der Name des Jungen, dem er seinen Schnuffel geliehen hatte, Nico war.

Am Nachmittag erzählte er seinen Großeltern und Eltern von seinem Erlebnis und war stolz auf sich, weil er sich getraut hatte, den Stoffhund aus dem Schulranzen zu holen. Nachdem er so viele neue Eindrücke gesammelt und eine solche Menge neuer Dinge erfahren hatte, war er sehr froh darüber, nun seinen Lieblingskuchen mit seiner Familie zu genießen und sich von dem Vormittag erholen zu können. Das war ein gelungener erster Schultag für Ben gewesen.

Hast du einen Glücksbringer, den du überall mit hinnimmst? Was für ein Glücksbringer ist es? Wenn du keinen Glücksbringer hast - hättest du gerne einen?

Hast du dich schon einmal dafür geschämt, ein Kuscheltier irgendwo mit hingenommen zu haben? Was bedeutet dein Glücksbringer für dich?

(K)eine Einladung zum Geburtstag

Seit Bens erstem Schultag waren ein paar Wochen vergangen, und an manchen Tagen machte es Ben mehr Spaß in die Schule zu gehen, als an anderen Tagen. Zwar war er, bevor er in die Schule gekommen war, in den Kindergarten gegangen, doch es war für ihn ein ganz anderes Gefühl, nun in der Schule zu sein.

Auf einmal fiel es ihm viel schwerer, sich am Vormittag von seinen Eltern zu trennen, und manchmal flossen auch ein paar Tränen, wenn er mit seiner Mutter vor dem Schultor stand und sich von ihr verabschiedete.

„Ich will nicht in die Schule gehen", sagte er und schniefte. „Ich möchte nach Hause in mein Zimmer. Kann ich bitte wieder mit dir nach Hause gehen?" Ben warf seiner Mutter einen fragenden Blick zu und trat von einem Bein auf das andere.

„Nein, Ben." Bens Mutter streichelte dem Jungen sanft über den Kopf. „Ich muss arbeiten gehen und bin gar nicht zu Hause. Du wirst sehen, dass du in der Schule Spaß haben und neue Dinge lernen wirst."

„Dann bring mich zu Oma und Opa, die sind doch zu Hause." Ben verschränkte die Arme vor der Brust.

„Warum möchtest du nicht in die Schule gehen, Ben?" Seine Mutter ging in die Hocke, sodass sie Ben direkt in die Augen schauen konnte. Für einen Moment herrschte Stille zwischen den beiden, bis Ben schließlich seufzte.

„Ich vermisse dich und Papa und Mia", erklärte er. „Und..." Er fuhr nicht fort.

„Was ist los, mein Schatz?", fragte Bens Mama. „Was ist passiert?"

„Naja, ein Junge in meiner Klasse feiert Geburtstag, und ich habe keine Einladung bekommen", antwortete Ben. „Warum ist Linus nicht in meiner Klasse? Dann hätte ich wenigstens einen Freund."

In Bens Augen bildeten sich Tränen, und seine Mutter nickte.

„Es ist schwer, in eine Klasse zu kommen, ohne jemanden zu kennen, stimmt's?"

Ben nickte.

„Weißt du…", fing seine Mutter an und streichelte Ben über den Arm. „Als ich meine neue Arbeit angefangen habe, war das für mich auch komisch. Ich hatte viele neue Kollegen, die ich nicht kannte. Meine Kollegen kannten sich alle untereinander, und manchmal saß ich mittags alleine und habe gegessen, während die anderen gemeinsam ihr Mittagessen verspeist haben."

„Aber Kati ist doch eine deiner neuen Kolleginnen, oder nicht?", fragte Ben nach. „Ist sie nicht deine Freundin?"

„Richtig, Kati ist meine Freundin." Bens Mutter nickte. „Doch es hat etwas gedauert, bis wir Freundinnen geworden sind. Ich habe festgestellt, dass ich auf meine Kollegen zugehen muss, um Freundschaften schließen zu können. Das hat zwar eine gewisse Zeit gedauert, doch nach und nach habe ich die neuen Kollegen kennengelernt und komme jetzt gut mit ihnen klar."

„Du meinst, ich muss einfach Geduld haben?", fragte Ben. Seine Mutter nickte und nahm den Jungen in den Arm.

„Ich freue mich, wenn du später aus der Schule kommst und wir dann zusammen etwas spielen oder einfach im Garten sitzen können", sagte Mama. Auf Bens Lippen breitete sich ein kleines Lächeln aus, und auch wenn er immer noch ein komisches Gefühl im Magen spürte, fühlte er sich nicht mehr ganz so schwer, als er die Treppen zu seinem Klassenzimmer hinaufging.

In der großen Pause sah sich Ben auf dem Schulhof um. Dabei stellte er fest, dass viele seiner Klassenkameraden allein waren und nur hier und da mehrere Kinder beisammensaßen und sich unterhielten und spielten. Es fiel allen etwas schwer, Freundschaft zu schließen.

„Wollen wir Fangen spielen?", fragte Ben Lisa, als er sich dem Mädchen genähert hatte. Lisa stimmte sofort zu, und als die anderen Kinder aus der Klasse sahen, dass Lisa und Ben Fangen spielten, kamen nach und nach immer mehr dazu. Schließlich spielte fast die ganze Klasse zusammen, und als die Klingel die Pause beendete, gingen sie alle gemeinsam — und nicht wie sonst jeder für sich — zurück ins Klassenzimmer.

Als Ben am Nachmittag aus der Schule nach Hause kam, empfing ihn der Duft seines Lieblingsessens. Auch Mia, die gemeinsam mit Ben aus der Schule gekommen war, lief das Wasser im Mund zusammen. Ben holte einmal tief Luft und atmete wieder aus. Er hatte das Gefühl, dass dieser Tag ein ganz besonderer Tag war. Obwohl er anfangs nicht in die Schule hatte gehen wollen, war er doch gegangen und fühlte sich nun — zu Hause mit seinem Lieblingsessen — unglaublich gut. Wie versprochen, spielte seine Mutter am Nachmittag mit ihm im Garten, und Ben freute sich sogar schon auf den nächsten Schultag.

Am nächsten Tag, als Ben in die Klasse kam und sich umschaute, sah er auf jedem Tisch einen kleinen Briefumschlag liegen. Als er seinen Brief öffnete, traute er seinen Augen kaum – es war eine Einladung zum Geburtstag! Eine Einladung zu dem Geburtstag, zu dem er vorher nicht eingeladen war.

„Hast du auch eine Einladung bekommen?“

„Wow, schau mal – eine Einladung zum Geburtstag."

„Ich freue mich total über die Einladung!", sagten die Kinder in Bens Klasse. In diesem Moment wurde Ben klar, dass Markus — der Junge, der Geburtstag feierte — zuerst nicht etwa alle außer Ben eingeladen hatte, sondern dass er nur ein Kind aus der Klasse eingeladen hatte, weil er bislang noch nicht viel mit den anderen zu tun gehabt hatte.

Dank des Fangenspiels auf dem Pausenhof waren sich die Kinder der Klasse alle nähergekommen, und Markus konnte nun ein großes Geburtstagsfest mit allen Klassenkameraden feiern.

Die Kinder in Bens Klasse näherten sich nun immer mehr an, schlossen Freundschaften, und auf dem Schulhof saß nicht mehr jeder für sich, sondern sie spielten Fangen, Verstecken, oder sie teilten die Brotzeiten miteinander.

Seitdem fiel es Ben auch viel leichter, in die Schule zu gehen – manchmal hatte er noch Schwierigkeiten, weil er sich erst an den neuen Alltag gewöhnen musste, doch seine Mutter hatte für sich, Papa, Mia und Ben jeweils ein kleines Armband gekauft, durch das sie sich alle miteinander verbunden fühlten. Jedes Mal, wenn Ben seine

Eltern oder Mia vermisste, konnte er dieses Armband ansehen, und dann fühlte es sich gleich besser.

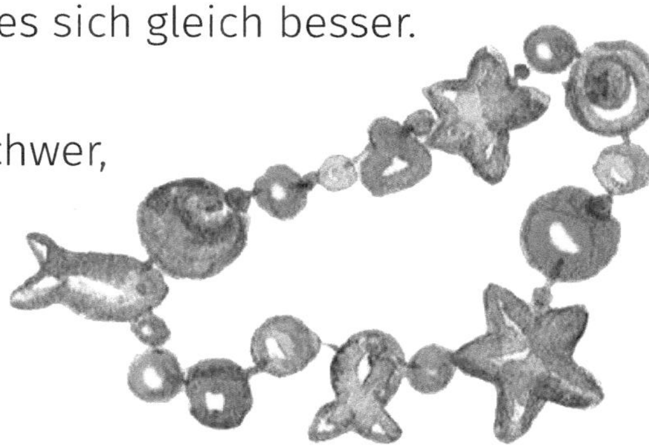

Fällt es dir manchmal schwer, in den Kindergarten oder in die Schule zu gehen? Was hilft dir in diesen Momenten?

Wie schließt du Freundschaften? Kannst du gut auf andere Kinder zugehen, oder fällt es dir eher schwer? Welche Ideen hast du, um Freundschaften schließen zu können?

Mias GEBURTSTAGSFEIER

In Bens Klasse lernten die Kinder einander immer besser kennen, und inzwischen schaffte es Ben, sich morgens ohne Kloß im Hals oder Klumpen im Magen vor dem Schultor von seiner Mutter zu verabschieden.

Je schneller die Wochen vergingen, desto näher rückte Mias Geburtstag. Sie freute sich schon lange darauf, und sie hatte einen sehr großen Wunsch. Sie wünschte sich, seit sie mit ihrer Familie in den Urlaub nach Spanien gefahren war, ein eigenes Smartphone mit einer guten Kamera, mit dem sie wunderschöne Fotos machen konnte.

Eines Abends saßen Mia und ihre Familie beim Abendbrot zusammen und unterhielten sich darüber, was sie an diesem Tag erlebt hatten.

„Ich möchte meinen Geburtstag gerne in einem Indoor-Spielplatz feiern“, verkündete Mia und schaute ihre Eltern erwartungsvoll an.

„In einem Indoor-Spielplatz?“, fragte der Vater, woraufhin Mia nickte.

„Viele Kinder aus meiner Klasse feiern ihre Geburtstage in einem Indoor-Spielplatz“, erzählte Mia. Erst vor ein paar Tagen war sie auf der Geburtstagsfeier einer Klassenkameradin im Indoor-Spielplatz gewesen. Anfangs hatte Mia Spaß gehabt, doch schon nach kurzer Zeit war ihr die Musik zu laut und das Getümmel drum herum zu viel geworden, sodass sie die Feier frühzeitig mit ihrem Vater verlassen hatte. Aus diesem Grund waren ihre Eltern nicht sonderlich überzeugt von Mias Vorschlag.

„Lass uns erst einmal einen Probebesuch dort machen“, schlug ihr Vater vor. „Morgen ist Samstag. Wir könnten gemeinsam hinfahren und ihn einfach einmal testen.“

Mia, Ben und auch die Mutter der beiden Geschwister hielten das für eine gute Idee und nickten.

Am nächsten Tag machte sich die Familie nach dem Frühstück auf den Weg zum Indoor-Spielplatz. Mia und Ben stürzten sich gespannt und freudig in das Getümmel, doch bereits nach kurzer Zeit kam Ben mit Tränen in den Augen zurück zu seinen Eltern und hielt sich die Ohren zu. Einerseits wollte er die vielen tollen Rutschen und anderen Geräte ausprobieren. Andererseits jedoch war es ihm viel zu laut, und er wollte wieder nach draußen.

Bens Mutter ging mit ihm hinaus, und Papa machte sich auf die Suche nach Mia. Er entdeckte sie auf dem Turm einer großen Rutsche. Zusammengekauert saß sie dort und hielt sich die Hände auf die Ohren. Es war so laut um sie herum, dass sie ihren Vater nicht hören konnte. Also kletterte Mias Vater auf den Turm, nahm Mia in den Arm, sauste mit ihr die Rutsche hinunter und verließ dann ebenfalls zusammen mit ihr den Indoor-Spielplatz.

Die Familie machte es sich in der Nähe in einem Park gemütlich. Sie alle genossen die Sonnenstrahlen, das Gezwitscher der Vögel und das sanfte Rascheln des Windes in den Blättern der Bäume.

„Warum bist du denn nicht zu mir gekommen, Mia?“, wollte Papa wissen und warf seiner Tochter einen fragenden Blick zu.

Mia spielte nervös mit ihren Fingern und seufzte.

„Ich dachte, dass ihr mich nicht im Indoor-Spielplatz feiern lasst, wenn ich fast am Anfang schon wieder zurück nach Hause möchte."

„Mia", meldete sich nun auch die Mutter zu Wort. „Es ist dein Geburtstag, und du darfst natürlich entscheiden, was du machen möchtest und wo du feiern magst. Aber ist es nicht schöner, an einem Ort zu feiern, an dem du dich wohlfühlst?"

Mia zuckte mit den Schultern.

„In meiner Klasse sagen alle, dass die Feier im Indoor-Spielplatz die tollste ist und andere Geburtstage nicht an einen Geburtstag im Indoor-Spielplatz herankommen."

„Ich denke, dass die besten Geburtstage die sind, an denen alle Spaß haben", meinte Papa. „Spaß kann man nicht nur im Indoor-Spielplatz haben."

„Wo würdest du am liebsten feiern?", fragte ihre Mutter. Mia überlegte für einen Moment.

„Auf dem Bauernhof", flüsterte sie. „Aber ich habe Angst, dass niemand kommt, wenn ich dort feiere."

„Ich denke, dass deine Freunde, die dich mögen, kommen werden, weil du Mia bist", erwiderte Papa. „Egal, wo du feierst."

Den Rest des Tages verbrachte die Familie auf dem Bauernhof, auf dem Mia gerne ihren Geburtstag feiern wollte. Mia und auch Ben fühlten sich umgeben von den Tieren und der Natur unglaublich wohl und merkten gar nicht, wie schnell der Tag verging. Im Indoor-Spielplatz war Mia jede Minute unendlich lang vorgekommen, während die Zeit auf dem Bauernhof zu fliegen schien.

Mias Eltern hatten sich mit dem Besitzer des Bauernhofes bezüglich Mias Geburtstag unterhalten, und die Kinder würden nicht nur all die Tiere streicheln, sondern auch auf Ponys reiten können. Mia war einverstanden, und auch wenn sie sich ein bisschen Gedanken darüber machte, was wohl ihre Klassenkameraden sagen würden, wenn sie auf dem Bauernhof feierte, fühlte es sich in ihr richtig und gut an. Sie liebte die Natur, und sie liebte Tiere. Sie wollte ihren Geburtstag so feiern, wie es sich für sie gut anfühlte.

Als Mia die Einladungen zu ihrer Geburtstagsfeier ein paar Tage später an ihre Klassenkameraden verteilte, zitterten ihre Hände ein wenig. Sie fragte sich, was sie wohl denken würden und hoffte, dass sie trotzdem kommen würden.

Doch Mias Freunde freuten sich über die Einladung und waren begeistert davon, dass Mias Fest auf einem Bauernhof stattfinden sollte.

„Endlich mal was anderes und nicht immer dieselben Partys im Indoor-Spielplatz", sagte Paula. Paula war eine von Mias besten Freundinnen. „Ich komme auf jeden Fall!"

Paula war nicht die Einzige, die Mias Einladung einnahm. Auch die anderen Kinder, die sie aus ihrer Klasse eingeladen hatte, sagten nach und nach zu, und Mia freute sich darüber, die richtige Entscheidung getroffen zu haben.

Wenige Tage später war es dann soweit, und Mia feierte ihren Geburtstag. Ihre Oma hatte ihr ein Geburtstagskleid genäht, in dem sich Mia wie eine Prinzessin fühlte. Eine Prinzessin, die wenig später mit den Schweinen im Matsch und den Pferden auf der Weide spielen würde.

Ein Kind nach dem anderen trudelte ein, und Mia spürte erst in diesem Moment, wie aufgeregt sie war. Schnell stellte sie fest, dass ihre Freunde den Bauernhof toll fanden, und Mia merkte, wie sich ein warmes und angenehmes Kribbeln in ihrem ganzen Körper ausbreitete.

Sie und ihre Freunde spielten die ganze Zeit, und zu keinem Zeitpunkt hatte Mia das Gefühl, dass das Licht zu grell, die Musik zu laut oder die Luft zu stickig war. Sie fühlte sich wohl und freute sich darüber, dass sie statt des Indoor-Spielplatzes den Bauernhof für ihr Fest ausgewählt hatte.

Statt auf die Rutschen kletterten die Kinder auf die Bäume.
Anstatt sich durchs Bällebad zu wühlen, rollten sie sich durch das Heu in den Ställen der Pferde.
Anstatt auf den Matten zu springen, ritten die Kinder auf dem Rücken der Ponys.
Anstelle der lauten und schrillen Musik sangen die Kinder ein Geburtstagslied, begleitet vom Wiehern der Pferde, dem Grunzen der Schweine, dem Miauen der Katzen, dem Bellen der Hunde und

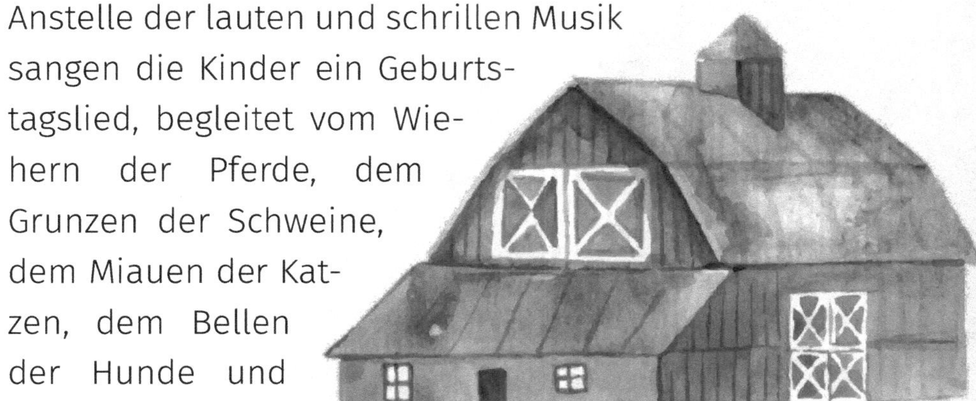

vielen weiteren Tiergeräuschen.

Am Ende des Tages schaute Mia durch all die Fotos, die sie mit ihrem neuen Fotoapparat — den sie zum Geburtstag geschenkt bekommen hatte — geschossen hatte. Jedes Foto steckte voller wundervoller Details, und die Erinnerung an diesen wunderschönen Geburtstag würde sie für immer in sich tragen.

Wolltest du auch schon einmal etwas machen, um anderen zu gefallen? Wenn ja, was?

Wie fühlst du dich, wenn du etwas machst, was dir wirklich gefällt? Wie fühlst du dich, wenn du etwas machst, was dir nicht wirklich gefällt?

Wie würdest du deinen Geburtstag gerne feiern?

Eine große MUTPROBE FÜR MIA

Jedes Mal, wenn Mia unter der Dusche stand, sich im Bad fertig machte, sich ein Brot schmierte oder malte, sang sie dazu ihre Lieblingslieder. Manchmal dachte sie sich auch selbst Melodien und Texte aus, die sie dann vor sich hin sang.

Schon als sie noch klein war, hatte Mia gerne gesungen, und ihre Eltern hatten ihr schon mehrfach gesagt, dass sie großes Talent hätte. Immer mal wieder fragten sie sie, ob sie nicht vielleicht Lust hatte, in einem Chor zu singen, doch jedes Mal, wenn sie diese Frage hörte, wurde Mia ganz rot im Gesicht und schüttelte den Kopf.

Auch an diesem Tag, als Mia in der Küche stand und einen Blick in den Kühlschrank warf, erschien ihre Mutter hinter ihr und klatschte. Mia hatte gerade aufgehört zu singen und drehte sich zu Mama um.

„Du singst wirklich wunderschön, Mia“, sagte ihre Mutter, doch Mia zuckte die Schultern.

„Ich weiß nicht so recht", antwortete sie und widmete ihre Aufmerksamkeit wieder dem Inhalt des Kühlschranks.

„Ich habe gehört, dass es bei dir in der Schule einen Chor gibt", sagte ihre Mutter. „Es werden Schüler und Schülerinnen gesucht, die gerne mitsingen wollen. Hast du nicht vielleicht Lust, dir das einmal anzusehen?"

Für einen Moment erstarrte Mia vor dem Kühlschrank und hatte das Gefühl, als ob ihr ein eiskalter Schauer über den Rücken liefe — fast so, als ob sie sich in das Gefrierfach des Kühlschrankes gelegt hätte.

„Mia?" Mama legte Mia ihre warme Hand auf die Schulter. Mia schloss den Kühlschrank und wandte sich dann zu ihrer Mutter um.

„Ich..., also..., im Chor...", stammelte sie, atmete einmal tief ein und ließ die Luft dann wieder durch die Nase ausströmen.

„Wollen wir uns auf die Couch setzen?", fragte ihre Mutter, und Mia nickte. Während sie sich schon einmal auf dem

Weg zur Couch machte, holte Mama einen großen Eiskarton aus dem Gefrierfach, nahm zwei Löffel aus dem Schubfach und setzte sich zu ihrer Tochter.

Für einen Moment genossen die beiden einfach nur das leckere Eis, das sie direkt aus der Packung löffelten. Nachdem Mia gerade eben noch ein kalter Schauer über den Rücken gelaufen war, hatte sie nun das Gefühl, ganz warm zu sein, sodass das Eis eine angenehme Abkühlung bot.

Sie seufzte und warf ihrer Mutter einen traurigen Blick zu.

„Ich habe das Gefühl, dass ich nur dann singen kann, wenn ich alleine bin und wenn mir niemand zuhört", unterbrach sie schließlich die Stille und tauchte erneut mit ihrem Löffel in die Eiscreme. Das Eis war inzwischen etwas weicher geworden, und ein Teil war sogar bereits geschmolzen.

„Es klingt vielleicht komisch", fuhr Mia fort und steckte sich den Löffel in den Mund. „Aber ich fühle mich ein bisschen so wie dieses Eis."

Mias Mutter warf ihr einen fragenden Blick zu, denn sie verstand nicht genau, was sie meinte.

„Im Gefrierfach ist das Eis genau so wie es sein soll", erklärte Mia. „Sobald es nicht mehr im Gefrierfach ist, schmilzt es und es ist kaum mehr wiederzuerkennen. Genau so fühle ich mich. Zu Hause oder in meinem Zimmer fällt es mir leicht, zu singen. Doch sobald ich nicht mehr zu Hause bin, oder wenn zu viele Menschen um mich herum sind, fühle ich mich nicht mehr wohl und habe das Gefühl, zu schmelzen und nicht mehr ich selbst zu sein."

Mias Mutter nickte.

„Das heißt, dass du eigentlich gerne singen würdest?", fragte sie.

„Ich liebe das Singen, und ich würde sehr gerne im Chor mitmachen." Mia seufzte. „Aber sobald ich daran denke, vor anderen zu singen, habe ich das Gefühl, dass meine Stimme blockiert und sich vor mir versteckt. Wahrscheinlich würde ich keinen einzigen Ton rausbringen."

Die beiden unterhielten sich noch für eine Weile über das Singen und darüber, dass Mia eigentlich sehr gerne bei dem Chor mitmachen würde.

„Ich habe eine Idee!“, rief Mias Mutter auf einmal. „Zu Hause singst du gerne, weil du dich wohlfühlst, richtig?“

Mia nickte.

„Vielleicht musst du dich einfach nur an die Atmosphäre des Chores gewöhnen“, fuhr die Mutter fort. „Wie wäre es, wenn wir zusammen hingehen und einfach einmal zuhören, was sie so singen? So kannst du dich genauer umsehen, dich mit dem Raum und auch mit den anderen Kindern im Chor vertraut machen.“

In diesem Moment riss Mia ihre Augen weit auf und nickte.

„Sie suchen jemanden, der Fotos von den Aufstellungen macht“, erzählte sie ihrer Mutter. „Das könnte ich vielleicht machen.“

„Das ist eine wundervolle Idee, Mia“, stimmte ihre Mutter zu. „Während du die Fotos machst, verbringst du viel Zeit mit dem Chor, und möglicherweise fühlst du dich früher oder später so wohl und sicher, dass es dir leichter fallen wird, mit den anderen Kindern mitzusingen.“

Bevor die restliche Eiscreme schmelzen konnte, aßen Mia und ihre Mutter sie schnell auf. Zusammen sahen sie sich einen Film an, während sie darauf warteten, dass

Ben und Papa von ihrem kleinen Ausflug zum Sportplatz zurückkamen.

Am nächsten Tag stellte sich Mia beim Chorleiter vor und bot ihm an, Fotos von den Proben und den Aufstellungen zu machen. Der Chorleiter war begeistert von den Bildern, die Mia gemacht und als Arbeitsproben mitgebracht hatte.

So kam es, dass Mia viel Zeit mit dem Chor verbrachte und Fotos schoss, während sie den Liedern lauschte, die die Kinder gemeinsam mit dem Chorleiter einstudierten.

Zu Hause erwischte sie sich immer wieder dabei, dass sie die Lieder vor sich hin summte, und sie wünschte sich nichts mehr, als den Mut aufzubringen, mit den anderen Kindern im Chor zu singen. Doch sie wusste, dass es in Ordnung war, dass sie Zeit brauchte. Wenn sie mit dem Gedanken warm geworden war, würde sie das von ganz alleine merken, und dann würde es ihr auch sehr viel leichter fallen, mit den anderen Kindern im Chor zu singen.

Die Tage und Wochen vergingen, und Mia schoss wundervolle Fotos. Der Chorleiter und auch die Kinder im

Chor waren begeistert. Als Mia eines Nachmittages kurz vor der Probe im Chorraum saß und ihre Smartphone-Kamera vorbereitete, dachte sie, sie wäre alleine und summte deshalb die Lieder, die der Chor seit Wochen probte.

Auf einmal hörte sie ein Klatschen hinter sich. Als sie sich umdrehte und den Chorleiter entdeckte, merkte sie, dass sie gar nicht alleine gewesen war. Doch anstatt rot zu werden und einen kalten Schauer zu verspüren, fühlte Mia in sich ein angenehmes Kribbeln. Zwar war sie aufgeregt, doch sie fühlte sich nicht mehr so nervös, wie das vor einigen Wochen noch der Fall gewesen wäre.

Der Chorleiter sagte ihr dasselbe wie ihre Mutter und viele andere Menschen, nämlich, dass sie wunderschön singen konnte. Mia überlegte für einen Moment und sah sich im Chorraum um. Sie fühlte sich wohl in diesem Raum. Sie kannte die Kinder nun besser und fühlte sich auch mit ihnen gut. Sie holte tief Luft, schloss für einen Moment die Augen und schaute den Chorleiter dann mit einem leichten Grinsen an.

„Ich würde gerne heute bei der Probe mitmachen“, teilte sie ihm mit, woraufhin der Chorleiter begeistert in die Hände klatschte.
„Das ist toll, Mia“, sagte er. „Ich freue mich sehr. Du bist eine Bereicherung für unseren Chor. Das warst du schon

mit deinen Fotos, aber ich freue mich sehr darüber, dass du dich dazu entschieden hast, mit uns zu singen."

Mia lächelte und freute sich auf die Probe. Sie konnte es gar nicht abwarten, dass die anderen Kinder kamen, um mit dem Singen anzufangen. Ein paar Wochen zuvor hätte sie das nie für möglich gehalten. Doch sie war an die Sache in ihrem eigenen Tempo herangegangen. Sie hatte das Tempo gewählt, das für sie genau richtig war, und sie freute sich, ihre Angst überwunden zu haben. Dem nächsten Schritt— der großen Aufführung vor vielen Leuten in der Turnhalle — würde sie sich auch noch widmen. Doch das hatte Zeit. Jetzt wollte sie erst einmal singen und diesen Moment genießen.

Hattest du auch schon einmal Angst, etwas gemeinsam mit anderen Menschen oder vor anderen Menschen zu machen?

In welchen Situationen warst du besonders mutig?

Wichtige Hinweise:
Die Inhalte des Buches wurden mit größter Sorgfalt und Gewissenhaftigkeit recherchiert und er-arbeitet. Wir gehen deshalb davon aus, dass alle Angaben und Informationen sowie die -Empfehlungen richtig sind. Dennoch geben wir keine Gewähr. Weder die Autorin noch der -Verlag werden Haftungen für Nachteile oder Schäden übernehmen, welche auf die Inhalte des Buches zurückzuführen sind.
Bei Fragen und Anregungen stehen wir Ihnen gerne zur Verfügung:
verlags.kontakt@gmail.com

Glückliche Kinderaugen Verlag
Stanislaw Schöner, Dr.-Hans-Liebherr-Straße 36/1 88416 Ochsenhausen
Layout & Satz: Individual Graphics - Jana Schuhmann